EMPRESA DE FAMÍLIA
CRESCIMENTO, DESENVOLVIMENTO, PERPETUIDADE

JAIR MOGGI
LUIZ ANTONIO CHAVES

EMPRESA DE FAMÍLIA

CRESCIMENTO, DESENVOLVIMENTO, PERPETUIDADE

QUALITYMARK

Copyright© 2013 by Jair Moggi e Luiz Antonio Chaves

Todos os direitos desta edição reservados à Qualitymark Editora Ltda.
É proibida a duplicação ou reprodução deste volume, ou parte do mesmo, sob qualquer meio, sem autorização expressa da Editora.

Direção Editorial	Produção Editorial
SAIDUL RAHMAN MAHOMED editor@qualitymark.com.br	EQUIPE QUALITYMARK

Capa	Editoração Eletrônica
EQUIPE QUALITYMARK	APED-Apoio e Produção Ltda.

CIP-Brasil. Catalogação-na-fonte
Sindicato Nacional dos Editores de Livros, RJ

P758d

    Moggi, Jair

    Empresa de família : crescimento, desenvolvimento, perpetuidade / Jair Moggi, Luiz Antonio Chaves. - 1. ed. - Rio de Janeiro : Qualitymark Editora, 2013.
    168 p. : il. ; 21 cm.

    Inclui bibliografia e índice
    ISBN 978-85-414-0116-6

1. Empresas familiares. 2. Administração de pessoal. 3. Recursos humanos. I. Chaves, Luiz Antonio. II. Título.

13-03465   CDD: 658.3
                                                                                   CDU: 005.95/.96

2013
IMPRESSO NO BRASIL

Qualitymark Editora Ltda.
Rua Teixeira Júnior, 441 – São Cristovão
20921-405 – Rio de Janeiro – RJ
Tel.: (21) 3295-9800 ou 3094-8400

QualityPhone: 0800-0263311
www.qualitymark.com.br
E-mail: quality@qualitymark.com.br
Fax: (21) 3295-9824

Apresentação

Em 2002, conheci o Jair Moggi, um dos autores do livro *Empresa de Família: Crescimento, Desenvolvimento, Perpetuidade*. Nosso encontro teve origem a partir de um artigo que ele escreveu sobre gestão empresarial na revista da Confederação Nacional da Indústria. Na época o procurei para conversar sobre suas ideias, conceitos e a forma de trabalhar com organizações tipicamente familiares. Com a dispersão geográfica de nossa empresa, a qual crescia acentuadamente, havia a necessidade de alinharmos nossas lideranças em torno de objetivos empresarias comuns. Foi a partir desse encontro que nasceu o interesse dos principais acionistas e lideranças profissionais de encaminharmos um processo de mudança na Caramuru, que na época completava 40 anos. Com a complexidade das operações que aumentavam, era preciso descentralizar as decisões para continuarmos crescendo de forma estruturada e competitiva.

Esse processo de mudança começou de uma forma simples com a diretoria e terminou envolvendo naturalmente todas as nossas lideranças e colaboradores. Num determinado momento ficou evidente que, à medida que a empresa se transformava e crescia, havia a necessidade de conectar os demais sócios e respectivos familiares com os movimentos que aconteciam. Os filhos que, por definição, não atuavam na organização, também já tinham atingido idades que justificavam, de uma forma estruturada, que eles conhecessem o que estava acontecendo na empresa e que se preocupassem com o seu desenvolvimento como futuros herdeiros ou gestores.

Os conceitos deste livro nos ajudaram em muito na prática, não só em relação às mudanças na organização, mas também na construção de um modelo de governança empresarial e familiar que tem nos proporcionado manter a rota do crescimento e do desenvolvimento da nossa empresa e das nossas famílias.

A nossa expectativa é que a nova geração assimile e continue se preparando em conceitos relevantes de gestão em qualquer atividade empresarial, tais como: produtividade, meritocracia, planejamento, organização, divisão de responsabilidade e compreensão dos papéis de cada pessoa numa organização.

Alberto Borges de Souza,
Presidente do Conselho de Administração da Caramuru Alimentos

Prefácio

Há mais de 15 anos aplicamos as lições deste livro na nossa empresa, através da consultoria dos autores que nos ajudaram a ultrapassar várias crises, como acontece na vida de todo mundo (pessoas e empresas), sem nos afastar da nossa forma de trabalho, criada lá atrás, quando meu pai pensava no que queria fazer da Porto Seguro.

A união de muitos em torno de um mesmo propósito cria uma força poderosa, cria confiança. A compreensão da empresa e dos destinos que orbitam em torno dela, através dos conceitos e da metodologia expostos neste livro, trouxe para nós a possibilidade de espalharmos os nossos valores e a nossa forma de atuar por um grande número de pessoas: funcionários, dirigentes, prestadores de serviços, corretores de seguros e acionistas, que precisam sentir todos o mesmo propósito, que para mim se identifica como a preservação do sonho do meu pai.

As situações complexas e delicadas presentes na empresa de família são objetivamente desvendadas pelos autores de maneira profunda, inovadora e simples.

A partir da sua vasta experiência como consultores no trato com empresas de família e empresas de sócios, eles apresentam aqui respostas a questões que permeiam as preocupações de empresários e das famílias que controlam ou estão envolvidas diretamente na gestão de negócios.

Nessa leitura, poderão ser encontradas respostas para questões da seguinte natureza:

- Crescimento (aspectos quantitativos) e desenvolvimento (aspectos quantitativos): O que esses conceitos tem a ver com um negócio familiar saudável e sustentável?

- Como equilibrar os universos constituídos por família, empresa, mercado e patrimônio familiar, na busca da perenização?

- Quais as consequências e condições para um membro da família trabalhar ou não na empresa?

- Quais são os fenômenos que influenciam e são influenciados pela governança, na realidade de cada família e de cada empresa?

- Como gerir as competências (ou a falta delas) em uma família dona de empresa?

- Quais são as conexões e relações entre as fases da vida da empresa, da vida dos empresários e da vida dos seus herdeiros e sucessores? Quais são as crises típicas de cada uma dessas fases?

- Como evolui a governança corporativa nos diversos estágios de desenvolvimento das empresas de família?

- Quais são os principais erros ou os maiores cuidados na implementação de modelos de governança em empresas de família?

- Que características das lideranças individuais da família influenciam – para o bem e para o mal da governança?
- Quais características peculiares às empresas familiares que favorecem a ocorrência de conflitos? Como tratá–los no contexto família e empresa?
- Como implementar e sustentar, sem a necessidade de apoio externo (consultorias), um processo planejado de Desenvolvimento Empresarial e Familiar?

Jayme Brasil Garfinkel
Presidente do Conselho de Administração da Porto Seguro S.A.

Sumário

Apresentação V

Prefácio VII

Introdução 1

Capítulo 1 Um Modelo Orgânico e Prático 7

Capítulo 2 As Fases de Desenvolvimento das
Empresas de Família 25

Capítulo 3 As Fases de Governança Corporativa 59

Capítulo 4 As Fases de Desenvolvimento do Ser
Humano e Suas Implicações no Desenvolvimento
da Família e da Empresa 81

Capítulo 5 Conflitos Familiares e Empresariais 107

Capítulo 6 Indicações para um Processo de
Desenvolvimento Familiar e Organizacional
Planejado 141

Considerações Finais 151

Introdução

Tanto a literatura acadêmica quanto a literatura tipicamente empresarial já exploraram bastante o tema da organização pertencente a uma família. Mas nunca é demais caracterizar em que consiste, em essência, esse tipo de empreendimento.

Na sua configuração mais simples, empresa de família pode ser entendida como um empreendimento tocado por pessoas com parentesco de sangue. Pelo nosso Código Civil, são parentes de sangue: pai, mãe, filhos, parentes colaterais (tios e primos), ou os chamados agregados ou parentes por afinidade (genros, noras etc.). Os conceitos de relacionamento formal caracterizados pelo Código Civil estão em constante evolução, o que gera consequências para a sucessão patrimonial e para o equilíbrio do ambiente de trabalho.

Na Adigo Empresas Familiares[1], vemos a empresa de família[2] como um ser vivo, com uma biografia, com corpo,

---
[1] Site www.adigoempresasfamiliares.com.br
[2] A partir do segundo capítulo, veremos a expressão empresa *familiar* empregada com uma conotação específica. Para evitar confusões,

alma e espírito. Ela se diferencia das demais por surgir e se manter como algo nascido de um sonho e muito trabalho por parte de alguém – um ou mais indivíduos.

Historicamente, o pioneiro galvaniza a identidade de um negócio nos seus primórdios. Quando constitui família, seja pelo casamento ou outra forma de relacionamento, o fundador cria o que sociológica e espiritualmente podemos chamar de família nuclear. Os filhos que surgem dessa relação já crescem impregnados com a energia empreendedora desde seu primeiro ambiente social, a casa.

No contexto deste livro, veremos que a empresa de família, em sua essência, é a manifestação de algo sutil de natureza espiritual – que pode ser reconhecido como ideia, impulso, vontade e desejo. O fato é que os pioneiros transformam esse impulso em realidade, fazendo surgir, no mundo material, um novo sistema[3] para atender às necessidades inicialmente particulares (sobrevivência financeira, por exemplo), e, simultaneamente, necessidades do mercado, ou do mundo.

Portanto, as empresas que transcenderam a geração dos pioneiros-fundadores são herdeiras espirituais de um impulso do mundo imaterial, manifestado em sonhos, tradições, marcas, símbolos, imagem e valores legados pelas gerações anteriores. Esses impulsos precisam ser sustentados

---

ao nos referirmos genericamente a esse tipo de empresa, usamos desde já os termos *empresa de família*, ou empresa pertencente a *família*, ou simplesmente empresa.

[3] Nesse "novo sistema" criado pelo fundador, irão se aninhar, além dos membros de sua família, inúmeros outros seres humanos, a exemplo de funcionários, clientes, fornecedores, prestadores de serviços, parceiros, financiadores etc. Cria-se ali não só um espaço para resultados financeiros, mas um palco onde muitos outros seres humanos irão conviver, se desenvolver e interagir na busca dos seus interesses pessoais e profissionais. O leitor que se interessar em expandir essa vertente das empresas como "palco de desenvolvimento", poderá fazê-lo no livro *A Gestão do Capital Espiritual das Organizações*, de Daniel Burkhard e Jair Moggi – Editora Negócios: São Paulo, 2008.

e transcendidos no tempo, em honra daqueles que se sacrificaram e dedicaram todos os esforços para a construção de um espaço de convivência amplo e estruturado. Poderíamos reconhecer esse espaço como uma egrégora (reunião de pessoas em torno de um ideal), composta por propósitos, princípios, ritmos, ensinamentos e trocas, formando um conjunto único de valores tangíveis e intangíveis.

Dentro desse ambiente evolutivo, conectados no tempo e no espaço, familiares, funcionários, clientes, fornecedores, financiadores, consumidores, órgãos governamentais, comunidade do entorno etc. se desenvolvem, encontram seus caminhos e destinos. É desse espaço vital e suas leis que iremos tratar neste livro.

Também veremos, ao longo dos capítulos, que a empresa de família – à semelhança da vida humana – passa por diversos estágios de desenvolvimento: inspiração, concepção, nascimento, infância, adolescência, maturidade, envelhecimento e morte (sempre potencial para empresas e inexorável para os homens). Cada uma dessas etapas é preenchida por muitas realizações, mas também por não poucas crises, que forjam e desenvolvem o empreendimento.

O empreendimento, como organismo vivo, pode dar grandes saltos qualitativos. Por exemplo, em seu ciclo de maturidade, ao invés do envelhecimento e desaparecimento físico, como ocorre com as pessoas que lhe deram origem, vemos em inúmeros casos a empresa continuar viva e saudável.

Isso é possível porque ela é fruto do mundo das ideias, que são atemporais e alimentadas por uma energia não material. Daí ela poder transcender no tempo, perenizando-se por meio das futuras gerações, depositárias naturais dos impulsos que vieram das correntes genética e espiritual de pais e mães. Isso é possível desde que seu código genético e seus valores espirituais tenham sido preservados e alimentados e, portanto, tenham criado condições de revigoramento dos órgãos vitais.

Cabe à geração fundadora saber reconhecer e preservar as autênticas células-tronco que permitem a renovação do sangue desse organismo. A percepção entre as gerações de que necessitam preservar o material genético para multiplicar ou regenerar essa entidade criada é que traz a transcendência das empresas para além da limitação física de seus donos.

A visão construída entre as gerações atuais, em conjunto com as gerações anteriores, potencializando os aspectos positivos da empresa e neutralizando os negativos, permite incorporar novos impulsos, sem perder a conexão com o DNA original.

Ao longo de muitos anos de trabalho com desenvolvimento familiar e empresarial, a partir dos conceitos mostrados neste livro, nossa experiência tem indicado que a perpetuação da empresa depende da sabedoria e da coragem dos seus fundadores e líderes em perceber e encaminhar as demandas típicas de cada estágio de desenvolvimento, no momento adequado. Depende, em última análise, de terem sensibilidade e sabedoria para se anteciparem a essas demandas.

Os estágios delicados mais conhecidos são as "trocas da guarda", geralmente caracterizadas por incertezas e crises. Estas, nem sempre reconhecidas a tempo, podem se enquadrar nas seguintes categorias arquetípicas: crise de sobrevivência, crise de crescimento, crise de resultados operacionais, crise de estagnação, crise financeira, crise de sucessão, crise estratégica, crise de expansão, crise de mercado, crise de fusão ou crise de incorporação. Essas crises podem ser olhadas como processos de busca do equilíbrio dinâmico empresarial.

Dentro da entidade familiar vivem os fundadores e seus núcleos familiares, que experimentam, cada um a seu tempo, as suas próprias fases de desenvolvimento e respectivas crises. O fundador ou os fundadores passam por crises também arquetípicas, como: crise da adolescência, crise da maturidade, crise da meia idade, crise de sobrevivência, crise no casamento, nos relacionamentos inter e entre famílias, entre outras.

A sabedoria está em reconhecer cada um desses momentos individuais e saber em que pontos eles se tangenciam ou se distanciam. Buscando a consciência coletiva desses processos, é possível sustentar o que há de comum entre todas essas vidas, o que pode ser um pilar para as pessoas da família fundadora, assim como para as demais famílias que se encontram próximas devido à existência da empresa. Podemos, neste ponto, vislumbrar a complexidade e as dificuldades para se equilibrar tal sistema. Nos capítulos 1, 2 e 3, iremos analisar sua dinâmica, ver os possíveis encaminhamentos para a percepção dessa complexidade e propor formas de buscar o equilíbrio dinâmico, incluindo práticas de governança corporativa. Nos demais capítulos, discorreremos sobre desenvolvimento humano, formas de resolução de conflitos, além das estratégias para o desenvolvimento da família e da empresa de forma integrada.

Como consultores, reconhecemos na estrutura da empresa de família uma constelação, uma ordenação de espaços e papéis já codificada desde a fundação. Mexer nas posições das pessoas – fundador ou outros elementos da estrutura de decisão da família –, causa reflexos e dores na empresa. Da mesma forma, quando algo é feito na empresa, percebemos as dores no fundador ou nas pessoas do núcleo de decisão. Isso mostra que estamos diante de universos complexos, que precisam ser cuidadosamente entendidos e claramente desvendados.

Capítulo 1
Um Modelo Orgânico e Prático

> *O vivo é espiritual e tudo o que é espiritual tem de ser compreendido em plena vida.*
>
> Rudolf Steiner

À imagem e semelhança de um ser vivo, a empresa que sobrevive aos percalços de seu caminho de crescimento e desenvolvimento passa também for fases e ciclos típicos. Como preparação para compreender esses ciclos, vejamos a diferença entre *crescer* e *desenvolver*, dois conceitos polares importantes na dinâmica da empresa de família. Consideramos crescimento todos os aspectos quantitativos associados ao negócio, como resultados econômico-financeiros, volume de vendas, lucro, produção, participação no mercado, aquisições etc. Como desenvolvimento, concebemos os aspectos qualitativos relacionados a: motivação das pessoas, ética, esperança, trabalho em equipe, criatividade, coragem, liderança, comunicação, aprendizado individual e coletivo, os estágios de maturidade das pessoas que compõem a empresa, o estágio de maturidade da família etc. Em uma empresa saudável ou em uma sadia família proprietária de empresa[4], há que estar sempre presente o

---

[4] O termo *família empresária* também terá um sentido específico ao longo do livro. Por isso, ao nos referirmos ao sentido genérico, utilizamos as expressões *família dona de empresa*, *família proprietária de empresa* ou apenas *família proprietária*.

equilíbrio dinâmico entre esses dois aspectos: o crescimento e o desenvolvimento.

Imagine uma empresa que prestigie somente o crescimento a qualquer custo, sacrificando seus valores éticos, por exemplo, tratando mal os funcionários ou negligenciando o atendimento aos seus clientes. Essa postura tende a criar doenças ou disfunções internas, devido à ausência das características ligadas ao polo desenvolvimento.

Por outro lado, imagine uma empresa ou família que dê valor somente aos aspectos ligados ao desenvolvimento, descuidando do crescimento. Digamos, por exemplo, que não veja o lucro como um dos valores a serem perseguidos. A ausência de lucro igualmente irá asfixiar e matar a empresa.

Equilibrar crescimento e desenvolvimento, nas empresas de família, tem relação direta com esse mesmo equilíbrio dentro dos núcleos familiares.

No capítulo seguinte, aprofundaremos esses temas. Por ora, olhemos quais são os *universos* envolvidos com a empresa de família, um sistema representado por múltiplos organismos vivos.

Um dos modelos que consideramos mais adequados para fazer esse tipo de abordagem é o que foi proposto pelo psiquiatra holandês Bernard Liveghoed[5]. Esse modelo, com algumas adaptações, está representado na Figura 1

---

[5] A inspiração para esse modelo nasceu do contato dos autores com o conceito de cloverleaf organization, mostrado no livro de Lievegoed *The Developing Organization* (Lievegoed, B.C.J. – Celestial Arts – Millbrae, Califórnia – 1973), e da nossa necessidade de explicitar para os clientes de consultoria a complexidade das questões envolvendo família e negócios a partir de um modelo arquetípico-orgânico que fosse de fácil compreensão e operacionalização.

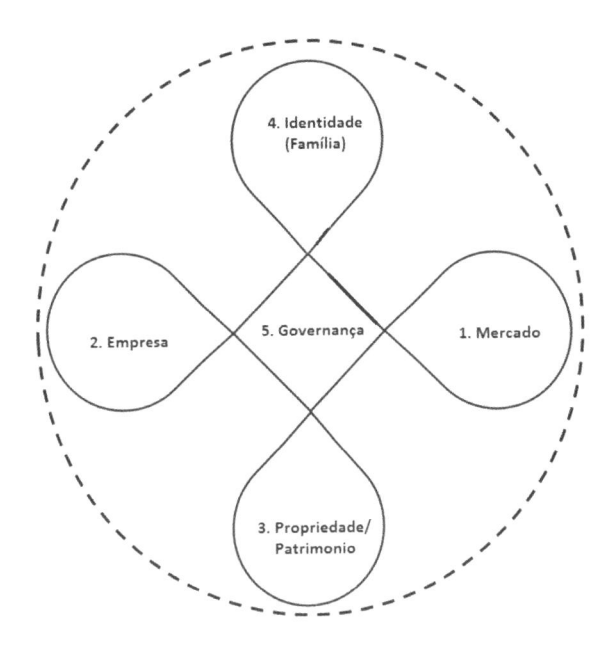

Figura 1 – Modelo adaptado de Bernard Liveghoed

No eixo horizontal do diagrama, temos dois universos polares, que são:

1. *Mercado* – Deu origem e é a sustentação da empresa; representa tudo aquilo que é externo a ela, como os clientes atuais e potenciais com suas demandas e oportunidades, os concorrentes com suas ameaças, os fornecedores etc. Neste universo moram as necessidades percebidas pelo fundador no princípio e pelos seus sucessores, atuais e futuros e para as quais a empresa se organiza em termos de estruturas, processos e recursos.

2. *Empresa* – Este universo é composto pelas funções e processos de negócios e de suporte administrativo, envolvendo profissionais da família ou não, instalações, equipamentos, dinheiro, matéria-prima etc.

No eixo vertical, vemos outros dois universos polares:

3. *Propriedade* ou *Patrimônio* – Composto pelos bens tangíveis ou não, pertencente ao núcleo familiar básico proprietário (imóveis, títulos de investimentos, a própria empresa etc.), este universo contém tudo que gera direitos e obrigações nos contextos da administração e direito civil. Esses são itens passíveis de gestão por parte dos detentores dos direitos e obrigações. Também é denominado *riqueza familiar*. É desse universo que fluem os recursos para investimentos na sustentação e na expansão das operações em relação ao mercado e, também, para a sustentação ou expansão da riqueza da própria família ou dos acionistas, assim como para o fomento de novos sonhos empresariais e sociais.

4. *Identidade* da família – Os elementos deste universo são mais sutis que os anteriores, e mais difíceis de compreender e até de aceitar, pois a sua natureza pertence ao mundo intangível, ou seja, espiritual e afetivo. Eles decorrem das ações e relações de natureza existencial e íntima, portanto carregadas de forte colorido intencional e emocional. O jeito de ser da família – parentes de sangue mais os agregados –, seus valores, a forma como seus membros exercem influências recíprocas desenham a identidade da família. A maneira como eles, conjuntamente, se relacionam com os universos enumerados como 1, 2 e 3 forjam a identidade da empresa e, muitas vezes, são difíceis de diferenciar. Identidade, portanto, é composta pelos atributos familiares (visão de mundo, ética, tradições, origem étnica dos ascendentes) e pela maneira como a família se relaciona com o sistema da empresa e com os demais sistemas do entorno.

Respostas às perguntas abaixo revelam o relacionamento da família com os outros universos. Oferecem indicativos sobre a identidade da família dona de empresa, no contexto deste modelo orgânico.

Com a empresa

- A empresa é vista como a galinha dos ovos de ouro da fábula, apenas como instrumento de prestígio temporário, ou significa algo maior para a família?
- Como a família lida com lucro e dividendos? É comum a situação em que a empresa vai mal, mas o patrimônio da família está muito bem e vice-versa, adota-se a segunda opção.

Com o mercado e o entorno

- Como a família percebe e se relaciona com o mercado, o meio ambiente, as comunidades – incluindo os colaboradores?
- A família percebe os movimentos do mercado e se movimenta, ou é empurrada por ele?
- Constrói estratégias a partir de impulsos internos, ou orienta suas estratégias a partir das tendências e cenários globais?

Com a propriedade ou o patrimônio

- Como cada membro lida com o patrimônio da família? Qual é o nível de satisfação com o consumo pessoal? Os familiares organizam seus investimentos e patrimônios individuais? Decidem como transferir o patrimônio entre os membros da família? Há o senso de construção de um legado familiar?

A Figura 1 ilustra as dimensões do organismo família –empresa de uma maneira balanceada. Porém, como pode ocorrer em todo ser vivo, as energias que permeiam esses universos por vezes se desequilibram, gerando fenômenos ameaçadores à saúde e até à existência do ser vivo. Tais desequilíbrios energéticos podem causar alterações e disfunções em sistemas do organismo integral. Os esquemas a seguir procuram ilustrar esses tão conhecidos desequilíbrios.

a) Universo mercado super-prestigiado em detrimento dos demais.

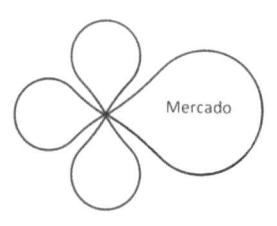

b) Predominância do universo empresa. Há excesso de prestígio da empresa como fonte geradora de riqueza, ou foco maior de preocupações para os membros da família que atuam na empresa.

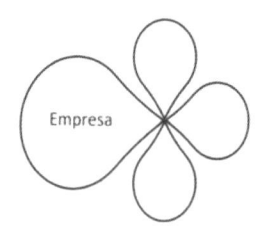

c) O universo propriedade prevalece. Quando a ênfase está em extrair o máximo da empresa, limitando sua capacidade de investimento, crescimento e desenvolvimento.

Patrimônio

d) Predomínio do universo identidade. Nesse caso, as dificuldades de alinhamento ou de relacionamento familiar tornam-se o principal foco, distanciando a atenção das necessidades da empresa e dos movimentos do mercado, afetando em última instância o patrimônio da família.

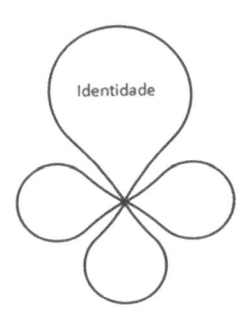

Identidade

Este modelo deixa evidente que o excesso de ênfase em uma ou em outra polaridade causa distorções no organismo total. No núcleo de uma célula se encontra o DNA, que contém o código genético do ser maior que a sustenta. Compete a esse núcleo liderar, coordenar e manter o equilíbrio da célula para que o ser maior se desenvolva de forma balanceada e saudável.

No nosso modelo conceitual, o núcleo é onde se localiza (ou deveria se localizar) o quinto elemento: a *governança corporativa*, que engloba a governança da família e da empresa.

A partir desse centro, onde todos os os fluxos se cruzam, uma liderança consciente pode encorajar, estimular, questionar e dar apoio, zelando pelo equilíbrio das energias básicas da família. É esse núcleo o articulador, o equilibrador das forças internas, que pode ou não potencializar sua atuação. Em nossa analogia, esse papel é sustentado pelos valores da família, pela sua visão estratégica, pela sua missão, pela sua razão de existência e pelos seus objetivos empresariais.

Quando esses elementos não estão claros na consciência, causam na empresa uma espécie de disfunção metabólica, com consequências danosas para o organismo como um todo.

Há disfunções de difícil diagnóstico que podem se espalhar e afetar todo o organismo. E exigem tratamentos drásticos. Prevenir constantemente a instalação dessas doenças é uma tarefa fundamental para a preservação do organismo como um todo.

A linha pontilhada ao redor do modelo da Figura 1 ilustra a formação de um envoltório, um tipo de pele que circunda um grande organismo vivo. Vamos denominar o conjunto dos quatro universos mais o envoltório como *macro universo empresa-família*.

Esse modelo, ainda que descomplicado, pode ser muito útil na avaliação da saúde do organismo empresa-família.

A governança corporativa, como elemento central desse organismo, é responsável por manter sua saúde geral ao longo do tempo. O sistema de governança corporativa atua no sentido de cuidar, desenvolver e manter o DNA familiar, por meio da conexão entre os sistemas, da fluidez de informações e da comunicação de cada órgão com os demais, aperfeiçoando continuamente o fluxo e agregando valor de troca entre os sistemas.

Uma governança corporativa não consolidada, tanto na empresa quanto na família, traz desequilíbrios graves nesse ser, semelhantes aos desequilíbrios de um corpo humano com DNA avariado. A analogia é forte, mas é o que temos visto, infelizmente, em muitas famílias, organizações e propriedades que literalmente desaparecem do mercado, por falta da sabedoria necessária para zelar pelo equilíbrio entre os quatro universos que acabamos de descrever[6]. Dessa simples caracterização proporcionada pelo modelo baseado em Lievegoed, visando ao crescimento e desenvolvimento saudáveis, facilmente depreendemos que a gestão de cada um desses universos demanda qualidades distintas de governança corporativa e gestão.

O universo 1 mercado, exige um enfoque racional, mas também sensível, pois nele estaremos sempre nos relacionando, ao final da linha, com pessoas que decidem se vão comprar da empresa ou não. O universo 2, empresa, requer enfoque mais racional, uma vez que a empresa precisa ter processos operacionais e administrativos dominados para poder atender às demandas do mercado. O universo 3, propriedade ou patrimônio, demanda uma postura racional, com enfoque jurídico, tributário, econômico e financeiro, que precisa ser ancorado por acordos claros, contemplando aspectos objetivos. Já o universo 4, da identidade da família, precisa de paciência, consciência, perspectiva evolutiva, maturidade e, principalmente, da busca constante do amor familiar que pode unir a todos em prol de um desenvolvimento saudável dos três outros universos.

Os Mundos Relacionados à Família proprietária e à Empresa de Família

No contexto familiar e da empresa de família, identificamos diversos mundos, representados pelas imagens a seguir. São mundos ou relações presentes no âmbito, por exemplo, de um herdeiro que atua ou não na empresa da família.

---

[6] Maiores detalhes sobre sistema orgânico de gestão podem ser vistos no livro *Gestão Viva – A célula como modelo de gestão*, de Jair Moggi. Antroposofica – 2013.

Os integrantes desses universos atuam desempenhando funções e papéis que, não raro, se superpõem e se confundem, fazendo com que o membro da família vivencie a influência do ambiente familiar quando desempenha suas funções na empresa e sofre as influências do ambiente empresarial no convívio familiar.

UNIVERSO DA FAMÍLIA PROPRIETÁRIA

CONTEXTO DA EMPRESA DE FAMÍLIA

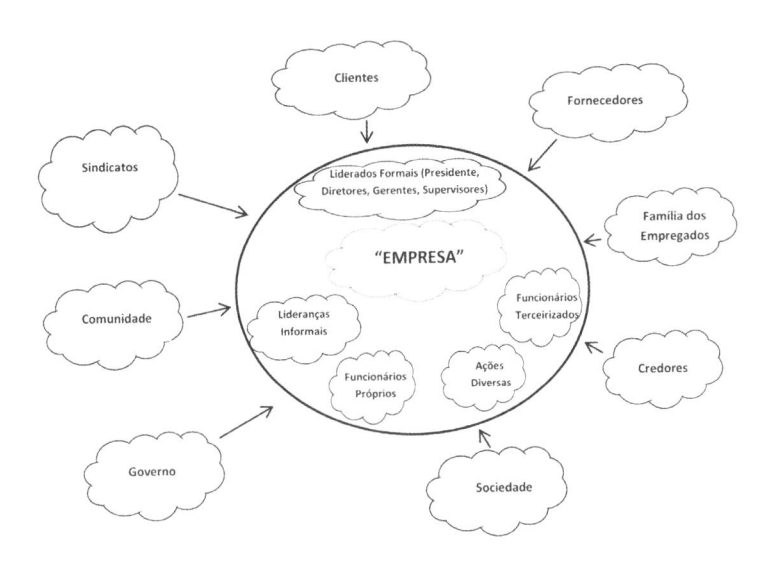

Diagrama: "EMPRESA" cercada por Clientes, Fornecedores, Sindicatos, Liderados Formais (Presidente, Diretores, Gerentes, Supervisores), Família dos Empregados, Comunidade, Lideranças Informais, Funcionários Terceirizados, Credores, Funcionários Próprios, Ações Diversas, Governo, Sociedade.

O familiar que trabalha na empresa vive situações inerentes à marca indelével que carrega, que é o fato de ser membro da família proprietária. Portanto, há especificidades nas suas relações com:

- colegas de trabalho da área em que atua;
- colegas de trabalho da empresa em geral;
- seu chefe hierárquico na empresa;
- demais lideranças;
- outros acionistas;
- clientes;
- fornecedores;
- pai e mãe;
- irmãos e primos que não trabalham na empresa;
- se casado, com o cônjuge.

Essas relações serão sempre tingidas pelo imaginário e pelas expectativas em relação ao *status* que o familiar carrega por ser diferente dos demais, pelo destino tê-lo feito nascer naquela família.

Em relação a si mesmo, consciente ou inconscientemente, ele pode sofrer a consequência do sentimento pessoal de precisar ser melhor do que os outros, ou de querer ser tratado com deferência ou complacência pelos demais.

Os aspectos decorrentes de um familiar trabalhar na empresa da família pode estimular perguntas do tipo:

a) Quais cuidados precisam ser tomados pela inserção de um familiar no negócio?
b) Quais são as consequências de uma inserção não planejada do herdeiro ou parente na empresa?
c) Como fica a questão da avaliação da performance dos familiares que atuam na empresa? Como garantir a isenção?
d) E em caso demissão? Será uma decisão fácil?

Externamente à empresa, há decorrências para o familiar que trabalha e para o que não trabalha na empresa, pois também tem seus relacionamentos externos. Quais são as consequências para a empresa ou para a família, em função desses relacionamentos? Tomemos a situação em que um herdeiro que trabalha na empresa se envolva num acidente, numa briga, ou que se exponha demasiadamente nas redes sociais, a ponto de causar repercussões na mídia ou na comunidade próxima. Como fica isso para a empresa? E para a família?

Por sua vez, o acionista puro que não atue na empresa pode ter relacionamento direto com outros profissionais de nível executivo (presidente, diretores etc.) e outros sócios (pai, mãe, irmãos, primos). As consequências desses relacionamentos com certeza são menos impactantes para a empresa do que no caso anterior, mas, mesmo assim, podem assumir características problemáticas.

Como consultores do ramo, somos partidários de que um familiar, para trabalhar na empresa, tenha as seguintes qualificações:

- conhecimentos e experiências requeridos pelo cargo;
- habilidades para exercer o cargo;
- atitudes e comportamentos adequados ao seu papel na empresa;
- ao menos uma experiência prática relevante fora da empresa da família.

Como consultores que já lidaram com inúmeras famílias, consideramos com atenção as respostas dos familiares quando os questionamos sobre o dilema de trabalhar na empresa da família ou não. Algumas delas são apresentadas a seguir.

Trabalhar na empresa da família é bom porque:

- "posso construir algo que é meu";
- "honro o que me foi legado";
- "há proximidade com os empreendedores fundadores";
- "posso ter uma melhor noção do que é de fato o negócio da família";
- "não preciso começar do zero".

Não é bom porque:

- "tenho de carregar a imagem das minhas ações inadequadas na empresa e fora da empresa";
- "posso ser visto como alguém 'ingrato', que decepcionou a família, caso não dê certo";

- "posso não corresponder às expectativas e pressões da família, dos funcionários e às minhas próprias";
- "posso ser pressionado para manter um modelo que não criei ou de que não gosto";
- "quem só trabalhou na empresa da família leva desvantagem se precisar ir para o mercado de trabalho".

ELEMENTOS PRESENTES NA EMPRESA MULTIFAMILIAR OU DE SÓCIOS

Em uma empresa com controle definido, a sociedade pode ser composta de sócios familiares e sócios não familiares. Em ambos os casos, esses indivíduos sofrerão a influência de alguns elementos, com diferentes intensidades:

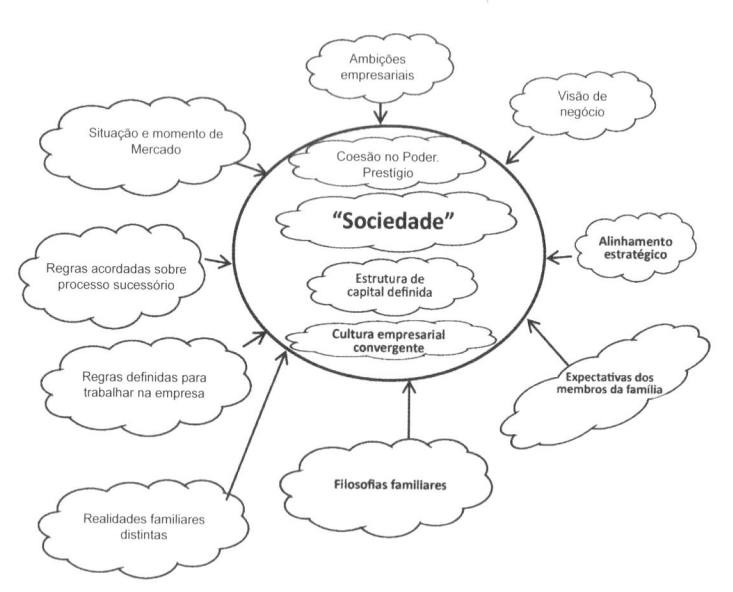

Diagrama: "Sociedade" no centro, com elementos ao redor: Ambições empresariais; Visão de negócio; Situação e momento de Mercado; Coesão no Poder. Prestígio; Alinhamento estratégico; Regras acordadas sobre processo sucessório; Estrutura de capital definida; Cultura empresarial convergente; Regras definidas para trabalhar na empresa; Expectativas dos membros da família; Realidades familiares distintas; Filosofias familiares.

Olhando o ambiente empresarial, vamos encontrar empresas que foram fundadas por sócios, o que significa uma sociedade entre pessoas sem vínculo de sangue. Essas empresas apresentam diferenças em relação às empresas típicas de família, nos ciclos de evolução e mesmo nas crises.

Questões Envolvendo Transições

As transições mal planejadas e mal executadas, principalmente nas duas primeiras gerações, podem representar o início da decadência de um negócio familiar, por mais bem-sucedido que ele possa ter sido até aquele momento. A primeira transição, da geração fundadora para a primeira geração herdeira, pode ser a mais simples ou a mais complicada. E se for entre sócios, será mais delicada ainda. O elo familiar que traz situações emocionais mais intensas tem, por outro lado, sua força estabilizadora, nem sempre presente entre pessoas com culturas e crenças distintas.

Na empresa puramente familiar, alguns fatores como haver um fundador com real desejo de transferir poder para uma próxima geração, além de cultura empresarial uníssona, simplificam a transição. Já na empresa de sócios, os momentos críticos tornam mais clara uma eventual dissonância entre estilos, temperamentos e valores. Na empresa de família, após a entrada da segunda geração, em que estará instalada uma sociedade entre primos, a complexidade de convergência fica quase equivalente ao da empresa de sócios.

Se as estatísticas tiverem igual valor em ambos os casos, uma em cada dez empresas de família perdura até a terceira geração, enquanto três em cada dez perduram da primeira para a segunda geração. Algumas ficam pelo caminho, combatendo dilemas familiares como a "imortalidade" de seu fundador, a inveja entre irmãos, o medo de perder poder ou a identidade ligada à empresa.

Dizem que o teste definitivo de um bom líder é o desempenho de seu sucessor, isso porque sua maior tarefa deveria ser preparar uma próxima geração com tempo suficiente para evitar soluços. Se a definição da estratégia de sucessão não for feita entre a primeira e a segunda geração, ou na mudança da segunda para a terceira, ficará cada vez mais difícil o alinhamento, pois aumenta o número de atores envolvidos, sendo cada novo ciclo acrescido pelos consanguíneos e seus pares.

Uma empresa de família que tenha atravessado transições com sucesso pode estar em boa saúde, mas por isso mesmo pode não perceber que é necessário cuidar da sucessão enquanto ainda são poucas as pessoas opinando. Conforme cresce o grupo, a complexidade para definir a trajetória desejada entre empresa e família aumenta tremendamente. Quanto mais tempo passar, maior a chance de serem enfrentados desencontros, tanto nos temas corriqueiros quanto nos mais estratégicos.

O bom planejamento deverá contemplar o desejo do fundador mediante a visão, a missão e os valores da família e da empresa. Quanto mais o propósito empresarial e familiar fizer parte da construção para o novo ciclo, maior a probabilidade de alinhamento entre os atuais e os futuros atores. No caso das empresas de sócios, isso é quase obrigatório para minimizar futuros conflitos.

Muitas das providências importantes nesta etapa não são fáceis, pois implicam mudança de atitude em situações conhecidas e constituídas ao longo de muito tempo. A sobreposição da imagem do fundador na imagem da empresa, por exemplo, é muito comum. Para se introduzir a necessária separação entre papéis, pode haver algum desgaste emocional.

A outra dificuldade reside em criar regras e normas que possam reger a relação entre as pessoas e a condução desejada nos negócios. Durante o estágio empreendedor e boa parte do ciclo de sucesso do negócio, a presença firme do principal decisor estabelece hábitos e costumes com baixo grau de formalidade e muita agilidade. Pergunta-se, então, o que se deve privilegiar: a qualidade das relações ou a eficácia do negócio. A separação das personalidades – criador e criatura – carrega um fortíssimo componente emocional.

As várias questões de impacto imediato e futuro, além das emoções envolvidas, reforçam a importância de se desenvolver um processo de evolução. Ele deve ocorrer no melhor momento dos negócios e das relações, e de forma compartilhada, que permita a todos se sentirem proprietários do futuro que está sendo programado.

Processos feitos sob pressão podem representar uma revolução, mas talvez não uma evolução, ou seja, algo assimilado por todos. Há o risco de se instalar um campo fértil para disputas que gradualmente deterioram o negócio e o relacionamento familiar. São necessárias muita determinação e muita persistência na condução das transições.

De forma geral, mesmo as transições mais tranquilas demandam grande envolvimento das pessoas, e isso independe de ser uma empresa de família ou um negócio entre sócios. É importante provocar reflexões profundas com liberdade suficiente para o surgimento de novos paradigmas e novas ideias. É aconselhável criar fóruns adequados para essas discussões, a fim de se evitar retrocessos. Ambientes propícios a agendas positivas, abertura para diálogos francos e permanentes evitam conclusões distorcidas da realidade e previnem decisões impensadas.

Essas considerações valem tanto para construir um sistema alinhado de poder quanto para fomentar as motivações da família ou dos sócios na preparação de seus acionistas a respeito da administração do patrimônio, ampliando assim o horizonte de tempo e preservação do que foi construído pelos antecessores.

Acreditamos que a eficácia de um sistema, para a plena aderência aos princípios e boas práticas desejadas, deve ser edificada de forma participativa, a fim de se manter um nível crescente de coesão entre os acionistas. Nisso a governança corporativa atua como elemento primordial.

Capítulo 2
As Fases de Desenvolvimento das Empresas de Família

No capítulo anterior, mencionamos que as empresas evoluem a partir de dois impulsos arquetípicos, polares e complementares, que são o crescimento e o desenvolvimento. Afirmamos, ainda, que esse fenômeno também pode ser observado no processo evolutivo dos seres vivos. Podemos ainda dizer que a observação científica da evolução da vida permite identificar que os seres humanos, de uma forma geral, evoluem passando por fases de desenvolvimento e crescimento com caracterísiticas marcantes e comuns a diferentes indivíduos.

Em diversas culturas, essas fases são reconhecidas de alguma maneira. Um ditado chinês muito antigo diz: "O homem tem vinte anos para aprender, vinte anos para lutar e vinte anos para tornar-se sábio". No século passado, Bernhard C. J. Lievegoed (1905-1992), psiquiatra, pedagogo e pesquisador, nascido em Sumatra e tendo passado a maior parte da vida na Holanda, ampliou e aprofundou a pesquisa sobre o processo de desenvolvimento do ser humano. Mais recentemente, a Dra. Gudrun Burkhard deu continuidade a esses estudos no Brasil e na Europa, tornando-se uma das maiores autoridades mundiais na pesquisa das etapas de desenvolvimento dos seres humanos, com diversos livros publicados[7].

Em nossa experiência e nossas pesquisas com organizações familiares, identificamos quatro fases arquetípicas de desenvolvimento que permitem compreender o caminho evolutivo pelo qual as empresas passam, desde o nascimento. Observamos que essas etapas se caracterizam por transformações marcantes nas quatro dimensões exploradas no capítulo anterior (identidade da família, empresa, mercado e patrimônio). Podemos ainda caracterizar essas fases quanto à força orientadora que rege a empresa e às crises pelas quais passa.

Sempre que iniciamos o trabalho em uma empresa de família, procuramos conhecer a história da família e da empresa. Em boa parte das vezes, essas histórias se confundem. A observação mais atenta dos fatos relatados permite perceber que tanto a empresa quanto a família têm história de vida única, uma biografia própria que revela os estágios por que passaram e explica como chegaram ao estágio em que estão, além de dar indicações claras sobre o futuro.

Essas etapas, embora tenham caráter evolutivo, não são obrigatoriamente sequenciais. Estamos falando de um processo vivo e orgânico no qual, por vezes, uma crise ou um trauma em qualquer das quatro dimensões pode levar a retrocessos, ou a um bloqueio em determinado patamar.

O prenúncio de mudança de estágio, normalmente, começa a ter sentido muito antes de se consolidar a mudança. Por outro lado, é fácil constatar que empresas que passam por idas e vindas constantes, assim como aquelas que ficam estagnadas em algum ponto da evolução estão mais sujeitas a doenças fatais e à morte precoce.

---

[7] Alguns dos livros da Dra. Gudrun: *Tomar a vida nas próprias mãos; Homem-mulher: a integração como caminho de desenvolvimento; Livres na terceira idade; Novos caminhos na alimentação.* Editora Antroposófica.

Uma das principais diferenças entre o ciclo da vida humana e o das organizações é que as organizações podem morrer antes de seus fundadores, ou sobreviver a várias gerações. Na empresa de família, o impulso por sobrevivência e continuidade está intimamente ligado à sobrevivência da própria família e à capacidade de convergência dos interesses familiares com vistas ao futuro. Denominamos as quatro fases de desenvolvimento da empresa de família como: *empresa familiar, empresa de gestão familiar, empresa com governança familiar* e *família empresária*. As características de cada uma dessas fases encontram-se descritas a seguir.

FASE 1 – EMPRESA FAMILIAR

Voltando à nossa analogia com o ser humano, esta etapa compreenderia nascimento, infância e adolescência. Como no nascimento de uma criança, todos os esforços são concentrados para que esse novo ser vingue e cresça saudável. A chegada de um novo membro na família provoca grande impacto de transformação, exigindo novos papéis e habilidades, novas atitudes e grande dedicação daqueles que o cercam. Da mesma forma, a fundação de uma empresa causa impacto profundo na história da família e, a partir de então, as sagas da família e da empresa se confundem, formando uma identidade única.

Esta fase pode ser caracterizada também pela presença dos pioneiros e seus familiares trabalhando no empreendimento, desde os postos de comando aos níveis operacionais. A principal força orientadora da empresa neste estágio reside no impulso dos fundadores que, de uma ideia, uma carência, ou uma oportunidade, podem construir um império. Os pioneiros, normalmente, são pessoas diferenciadas pela capacidade de trabalho e de autossacrifício, assim como por seu carisma e pela obstinação na concretização de suas intenções.

Uma empresa nasce para atender a necessidades. Se não satisfizer as demandas do mercado, perderá a razão de existir. No caso das empresas familiares, entretanto, a organização atende em primeiro lugar a um fator determinante: a necessidade de sustento do fundador e de sua família. O crescimento da família irá exigir um esforço também de crescimento da empresa e, em contrapartida, as necessidades da família serão limitadas à capacidade que a empresa tiver para gerar lucro. Com o crescimento e o aumento da lucratividade, o atendimento dessas necessidades passa a ser satisfatório em determinados casos, mas não em todos. Muitas vezes, alguns membros da família precisam buscar outros meios de subsistência.

Nesse estágio, a carreira futura dos filhos tem a empresa como caminho natural. É inevitável que os pais desejem que os filhos deem continuidade ao seu trabalho e, muitas vezes, boa parte dos fundadores acreditam piamente que só nas mãos dos filhos a empresa e o patrimônio da família estarão em segurança. Por outro lado, os filhos vivem um dilema: já contam com um caminho profissional pavimentado na empresa da família, o que facilitaria sua ascensão, mas nem sempre é esse o que faz sentido para suas vidas.

Certa vez, fomos chamados para um trabalho em uma empresa familiar e, ao entrevistar o presidente, na época por volta dos 37 anos de idade, ouvimos dele que suceder o pai por solicitação deste, logo após ter se formado em engenharia, e não titubeara em aceitar a oferta. Porém, depois de alguns anos, percebera que havia sacrificado seus talentos e dons naturais para seguir um rumo preestabelecido e (aparentemente) lógico, a um custo pessoal muito alto e com consequências muito sérias para ele e para a própria empresa.

Da mesma maneira que uma criança forma o seu caráter e aprende, principalmente, pelos exemplos que observa no lar, em uma empresa familiar os comportamentos e os hábitos dos familiares, em especial de seus líderes, forjam a cultura. Os colaboradores observam atentamente as atitudes e os comportamentos dos fundadores e seus familiares e tendem a reproduzi-los. Quanto mais coerentes e íntegros forem esses comportamentos, maior será a potência da identidade da empresa.

Muitas vezes as reuniões para decidir assuntos importantes da empresa acabam acontecendo em casa, no jantar de sexta-feira ou na macarronada de domingo. Por outro lado, também é comum que as pessoas da família passem mais tempo juntas na empresa do que em casa – o que as leva a aproveitar os contatos na empresa para, também, tratar de assuntos familiares, fazendo com que demandas e crises familiares ecoem de imediato na organização. Nesta fase, a casa é uma extensão da empresa e vice-versa.

As Características da Empresa Nesta Fase

As características da família marcam profundamente a cultura da empresa. Influenciam na forma como são estabelecidas suas relações e como são geridos seus processos e recursos. Um traço marcante pode ser percebido na maneira como são tomadas as decisões. Elas tendem a se orientar pelas crenças, gostos e desejos dos donos. Um colaborador inteligente e perspicaz aprende rapidamente a identificá-los e a adotá-los. Normalmente, esses parâmetros se transformam nos principais balizadores das decisões em todos os níveis da empresa.

Por outro lado, os donos, por sua capacidade empreendedora e sua intuição, em boa parte das vezes, estão alguns passos à frente dos demais em relação à decisão a ser tomada, o que faz com que os colaboradores se sintam mais seguros encampando suas orientações na hora de decidir. Esse traço cultural pode se tornar pernicioso para o futuro da empresa, pois os colaboradores podem se especializar em adivinhar o que o dono deseja, ao invés de buscar o que a empresa ou o mercado realmente demanda.

Quando visitamos um cliente pela primeira vez, sempre pedimos que demonstre, com um organograma, como a empresa está estruturada. Nesta fase, acabamos sempre deparando com um *familiograma*. Os membros da família atuam em diversos níveis e papéis na estrutura da empresa e, por vezes, é difícil definir claramente o cargo ou função que exercem, pois a nomenclatura não corresponde às atribuições, o nível hierárquico não tem a ver com o *status* e o poder detido pelo indivíduo, e eventualmente há acúmulo de funções, muitas vezes sem afinidade entre si.

Poderíamos também denominar essa estrutura de *arranjograma*, pois, frequentemente, o fenômeno ocorre para acomodar um membro da família na estrutura da empresa, considerando suas capacidades (por vezes limitadas para as tarefas) e seus anseios por posição e *status*.

O ambiente interno, como não poderia deixar de ser, acaba sendo familiar e informal. O mais humilde colaborador se sente ligado afetivamente aos donos e à família. Os membros da família circulam pela empresa e se comunicam diretamente com os colaboradores de todos os níveis. Tratam-os pelo nome e dão acesso direto a todos. Esse fator possibilita o fortalecimento de vínculos de lealdade que podem durar a vida toda.

No tocante à gestão dos processos, a empresa alterna entre emoção e razão. Ações de planejamento, acompanhamento e controle são frequentemente atropeladas pela intuição e impulsos dos donos. É muito comum que profissionais competentes contratados do mercado não durem muito no cargo, pois acabam frustrados com os retrocessos e barreiras para colocar ordem na casa.

Outra característica marcante das empresas familiares é a flexibilidade nos processos, principalmente aqueles relacionados com o atendimento ao cliente. Como as decisões acabam seguindo mais os critérios intuitivos dos donos e seus descendentes, os processos tornam-se adaptáveis às circunstâncias e a empresa relaxa um pouco a gestão de custos para não perder uma oportunidade de negócio. Esse tipo de filosofia, por vezes, alimenta conflitos entre a área de vendas e a de produção, assim como entre vendas e finanças.

A Relação com Mercado Nesta Fase

A atenção volta-se para nichos de mercado e oportunidades de negócio. A empresa torna-se guerrilheira e mostra uma grande capacidade de se adaptar para atender a demandas. Podemos dizer que os desejos dos clientes principais, de certa forma, determinam o ritmo e a forma de organização interna. Toda a empresa se ajusta para atendê-los que, normalmente, têm acesso direto aos donos.

Essa capacidade gera forte vínculo dos clientes com a empresa. Os colaboradores sabem que determinados clientes têm até certo poder internamente e podem interferir diretamente na programação da produção e na política de preços.

Outra característica marcante é que, em certos casos, a organização obtém alguma vantagem competitiva frente aos principais concorrentes pelo fato de seus postos mais altos serem ocupados por membros da família que, em geral, são remunerados abaixo do mercado. Essa vantagem pode se reverter em desvantagem, caso seja mantida por muito tempo, pois limitará a capacidade de atrair profissionais competentes do mercado, ou poderá gerar perdas na margem de contribuição, caso a empresa venha a contratar a valor de mercado e não consiga repassar esse aumento de custos para sua tabela de preços.

Por outro lado, enquanto a empresa se mantém pequena, ou em mercados pouco competitivos, enfrenta pouca ameaça dos concorrentes mais poderosos. O risco aumenta quando ela começa a atingir determinado tamanho e começa a chamar a atenção dos grandes concorrentes, sem ter se preparado para enfrentá-los. Muitas empresas de família morrem, ou acabam sendo vendidas, por não terem estabelecido uma estratégia de crescimento e sucessão, considerando o grau de competitividade e profissionalismo do mercado em que atuam.

A Gestão do Patrimônio Nesta Fase

O empreendimento, por vezes, é o maior e único patrimônio da família. Atendemos um caso em que a família não tinha outros bens além da própria empresa. Durante décadas, todo o lucro fora basicamente reinvestido no crescimento do negócio e agora os filhos já estavam crescidos, prontos para constituir suas próprias famílias e, para complicar, os pais (fundador e esposa) estavam se separando.

É muito comum que os patrimônios da família e da empresa estejam misturados, o que gera riscos de toda ordem. Poucos pioneiros e membros da segunda geração atentam para esse dado. Muitas vezes, isso é até tratado como um tabu no âmbito da família, pois a primeira geração sente desconforto para tratar de herança e partilha de bens com a segunda geração. Em boa parte das famílias, esse assunto é colocado embaixo do tapete, o que potencializa a ocorrência de conflitos futuros, levando à desarmonia.

Os recursos provenientes exclusivamente do caixa da empresa tendem a ser escassos para conciliar as necessidades crescentes da empresa e da família. Ambas enfrentam um grande desafio em relação à gestão da riqueza, pois as pessoas lidam com esse assunto de maneira emocional e tendem a postergar decisões que podem provocar grande turbulência no ambiente familiar, com reflexos negativos na empresa. Infelizmente, muitas famílias proprietárias, por não saberem lidar com essa demanda, quebram junto com seus próprios negócios.

Força Orientadora Desta Fase

Assim como nas fases da infância e adolescência, a ênfase do ser humano está em crescer, constituir um corpo saudável e desenvolver as capacidades básicas para enfrentar a vida adulta, a tônica da empresa nesse estágio é crescer e tornar-se capaz de atender as necessidades do mercado para sobreviver e suprir as necessidades básicas da família.

Crises Típicas Desta Fase

Novamente fazendo analogia com a evolução do ser humano, o que nos faz crescer e desenvolver as capacidades necessárias para sermos bem-sucedidos tem a ver com o aprendizado promovido pelas crises e desafios que enfrentamos. Da mesma forma, a empresa familiar cresce e se desenvolve à medida que aprende com suas próprias crises.

O termo crise não deve ser entendido como algo necessariamente negativo. O significado que buscamos dar à palavra é o de prenúncio do novo. A crise indica que algo começa a mudar no interior dos indivíduos, ou no ambiente. Em boa parte das vezes, causa desconforto e ansiedade até que novos conceitos sejam assimilados e as atitudes sejam realinhadas, fazendo com que indivíduos e grupos avancem para um novo estágio evolutivo.

Essas crises são inevitáveis e necessárias. Sinalizam que tanto a família quanto a empresa estão no limiar de mudança de patamar de evolução e, uma vez tratadas de forma corajosa, consciente e habilidosa, poderão ser uma alavanca para transformações extraordinárias que trarão grandes benefícios.

As principais crises deste estágio ocorrem quando as necessidades da família tornam-se maiores que a capacidade da empresa atendê-las e quando as capacidades da família, principalmente no que se refere a talentos e investimento, não conseguem suprir as necessidades da empresa para sobreviver e crescer.

Fase 2 – Empresa de Gestão Familiar

Continuando com a analogia com o ser humano, podemos comparar esse novo estágio de desenvolvimento da empresa à entrada na idade adulta. Após termos constituído nosso corpo físico, aprendido conceitos básicos e desenvolvido algumas habilidades, mas ainda razoavelmente inseguros, ficamos adultos. Nessa nova etapa, buscamos e conquistamos nosso lugar no mundo, assumimos metas e papéis, enfrentamos crises e desafios e passamos pelos altos e baixos que nos levarão ao amadurecimento, nos permitirão desenvolver grandes habilidades e irão propiciar a construção de uma estrutura própria de vida. Entramos em um processo de autoafirmação. Precisamos ser bons em algo e ser reconhecidos como tal. Precisamos dar certo na vida.

Nas empresas de família, o prenúncio de mudança de estágio ocorre quando a organização começa a sentir a necessidade de incorporar novos conceitos e se estruturar para dar sustentação ao seu crescimento. Quando o processo de sucessão é desencadeado assim que os herdeiros ficam adultos, inicia-se o rito de passagem de papéis exercidos pelos pioneiros.

O que caracteriza essa nova etapa, de uma forma geral, é o movimento de autoafirmação, sucessão e profissionalização que começa a impactar a vida da família e da empresa. As novas gerações começam a buscar seu espaço próprio e os antigos começam a lidar com as limitações da idade e a dificuldade de se desapegar do passado. Surge, então, o choque de gerações, que confronta o impulso de preservação do legado e a necessidade de reconhecimento dos pioneiros; por um lado, com o anseio por inovação e a necessidade de realização e autoafirmação dos mais jovens, por outro.

Recentemente realizamos um trabalho em uma organização familiar cujo principal incômodo se relacionava ao fato de a empresa não conseguir crescer. Após algumas rodadas de conversa, chegamos à conclusão de que estava em curso um conflituoso processo de sucessão, com a segunda geração, ainda bem jovem, assumindo papéis na direção do negócio e, naturalmente, tentando fazer mudanças conceituais e estruturais segundo suas próprias convicções. Esse delicado momento não estava sendo conduzido de maneira consciente, o que provocava atritos entre a primeira e a segunda geração, e entre esta e os colaboradores antigos, que os haviam carregado no colo e se orientavam pelos conceitos consolidados pelo fundador. Isso explicava o impasse que a empresa vivia e era o seu principal impedimento para crescer.

Identidade da Família Neste Estágio

Começam as questões entre proprietários, por um lado, e entre estes, seus sucessores e herdeiros, por outro. Em empresas constituídas por um grupo de sócios pioneiros, esse fenômeno tende a se tornar mais complexo, pois cada um se constituirá no tronco do qual, novos ramos familiares irão brotar.

Esses novos ramos começam a se consolidar gerando uma nova configuração familiar que passa a ser composta por várias árvores e seus respectivos ramos. Essa ramificação começa a promover diferenciação nos princípios e convenções familiares. Agora os pioneiros começam a se defrontar com a manifestação de necessidades e desejos específicos de seus herdeiros e respectivas famílias, provenientes de seu próprio universo de valores que, por vezes, se chocam com os valores que antes garantiam a coesão familiar.

A cultura familiar, por natureza emocional e conservadora, começa a ser confrontada e realinhada por novos conceitos e critérios. É comum as famílias proprietárias encaminharem os herdeiros para centros educacionais mais avançados que aqueles frequentados pelos ascendentes, bem como pelos gestores contratados, as *pratas da casa*. Acontece que, ao passar por essa experiência enriquecedora, esses jovens acabam adquirindo novas visões de mundo, novos conceitos de vida e novos valores. Quando retornam, naturalmente querem colocar o aprendizado em prática nos ambientes da família e da empresa, enfrentando, por vezes, grande resistência e gerando frustrações e conflitos. No entanto, esse processo – por vezes dolorido – é fundamental. Quando as gerações futuras são bem preparadas e o processo de abertura para absorção de novos conceitos é bem conduzido, tanto a família quanto seus negócios são extremamente beneficiados.

Nesse estágio, em algumas empresas, já começam a ser criadas instâncias superiores de decisão e controle que, muitas vezes, são chamadas de conselho de administração, conselho consultivo, ou conselho de gestão. De nossa experiência podemos deduzir que esses conselhos, na maior parte, são instalados como forma de facilitar o processo de sucessão, permitindo um acompanhamento próximo dos pioneiros e criando um espaço para a preparação da nova geração de uma forma segura.

Muitas vezes os choques inevitáveis de pontos de vista entre pais e filhos, assim como entre tios e primos, nesses fóruns, acabam sendo levados para casa e, quando não resolvidos, retornam para o ambiente empresarial e começam a ser percebidos nas salas de reuniões da empresa.

Outra característica importante desse estágio é que, em boa parte, as famílias começam a ter integrantes que atuam na empresa e integrantes que atuam fora dela. Seja por não haver espaço na organização, seja pelo desejo dos mais jovens, a família passa a ter herdeiros que farão uma carreira profissional na empresa e outros que a cumprirão em outros lugares. Por vezes, os pioneiros ficam frustrados e traídos quando algum de seus descendentes resolve seguir um caminho próprio. Por outro lado, quando um herdeiro intenta fazer carreira na empresa e não consegue, principalmente quando não há uma regra acordada, ele pode se sentir preterido, o que gera mágoas e ressentimentos, além de desarmonia.

Também é característica dessa fase acontecer um processo de diferenciação de autopercepção entre os sucessores e herdeiros, pelo fato de alguns atuarem na empresa e outros, por vontade própria, fazerem carreira fora, ou optarem por se dedicar exclusivamente às suas próprias famílias. Muitas vezes os primeiros assumem que são mais merecedores por entenderem que se dedicaram ou até se sacrificaram para cuidar da fonte geradora de riqueza da família, beneficiando a todos, e, portanto, deve ser aceito pelos segundos que tenham a devida contrapartida, em termos de ganhos e poder. Nem sempre, essa tese é bem aceita no momento de transferência de participação societária e dos bens para os herdeiros, gerando conflitos que, uma vez não resolvidos, podem levar, no limite, à dissolução da sociedade na passagem para a segunda geração.

As Características da Empresa Neste Estágio

No universo do negócio em si, a identidade da empresa passa por uma inevitável etapa de desalinhamento devido ao processo de sucessão. Os sucessores e os novos gestores começam a afirmar seu estilo de liderança e buscam colocar em prática novos conceitos e métodos, como já comentamos, enquanto os pioneiros se preocupam em preservar o que acreditam ser a forma correta de fazer as coisas.

Essa fragmentação temporária de estilos favorece o surgimento de feudos na cultura da empresa. Poderíamos fazer uma analogia com a nobreza na Idade Média. Todos nós conhecemos um filme ou um livro a respeito de algum reino que acabou se dividindo porque os príncipes herdeiros entraram em disputa pelo poder na sucessão do rei. Pois esse fenômeno é muito comum nas empresas de família. O filme *Ran*, do diretor japonês Akira Kurosawa, é exemplar nesse sentido. O dono do poder, nesse filme, é um senhor feudal japonês.

Nesse momento da vida empresarial, as disputas por poder e reconhecimento se intensificam e os reflexos são percebidos em todas as dimensões da organização: conselheiros e diretores, por vezes, comunicam decisões contraditórias, deixando os empregados confusos e inseguros.

Porém, de alguma forma, nessas transições a empresa começa a se estruturar, definindo com maior clareza os papéis e as responsabilidades. Os membros da família, normalmente, se concentram nos cargos de alto escalão e os pioneiros começam a migrar para o conselho, embora, frequentemente, deem voos rasantes em decisões operacionais.

Os novos conceitos começam a ser colocados em prática por meio de políticas, normas e procedimentos. Os processos começam a ser sistematizados e os planos de ação passam a ser acompanhados e controlados. Organogramas são oficializados e os cargos são descritos, assim como os critérios para que sejam ocupados.

A empresa fica mais formal, porém é comum a ocorrência de retrocessos e, muitas vezes, as novas regras são atropeladas pelo jeito antigo de decidir as coisas, principalmente no que diz respeito à gestão de pessoas. Por isso, com certa frequência, as *pratas da casa* são preteridas em favor de pessoas com laços familiares. Essa situação traz muitas dificuldades na retenção de talentos.

A empresa torna-se mais complexa e acaba voltando sua atenção para a resolução dos problemas internos e para a necessidade de se estruturar. Em contrapartida, precisa gerar maior escala em seu faturamento, além de aumentar a lucratividade para fazer frente às necessidades por investimentos e também para atender necessidades crescentes da família.

A Relação com o Mercado Neste Estágio

À medida que a empresa amadurece e cresce, aumenta sua visibilidade no mercado. A marca passa a ser conhecida e a ter valor. Muitas vezes a marca é o sobrenome dos pioneiros e seus herdeiros.

O mercado fica atento aos movimentos da família na empresa e fora dela. Os comportamentos são avaliados e aqueles considerados inadequados tendem a ser mais destacados que os positivos. O mercado acompanha atentamente o que está acontecendo na empresa, principalmente no que diz respeito à relação entre os sócios e ao processo de sucessão. Possíveis parceiros estratégicos tendem a pensar em horizontes de longo prazo e, portanto, precisam saber com quem se sentarão à mesa de decisões no futuro. Os bancos, em suas análises de crédito, prestam especial atenção ao modelo de governança corporativa e ao acordo societário.

Em outra dimensão, a empresa começa a lutar contra concorrentes poderosos num jogo de mercado mais pesado. A luta nesta fase é para consolidar e proteger posições conquistadas, assim como estabelecer condições para continuar crescendo de forma sustentada.

Em muitos casos, as questões no âmbito da família e da empresa trazem o foco de atenção para o universo interno, levando a um momentâneo distanciamento do mercado e à redução da capacidade empreendedora. Essa situação pode gerar consequências terríveis para a continuidade do negócio e, se não for bem resolvida, pode levar, em última instância, à perda do controle da empresa.

A Gestão do Patrimônio Neste Estágio

Em certo momento, surge a necessidade de separar o que é público do que é privado. O aumento da riqueza da empresa leva, inevitavelmente, ao aumento da riqueza da família. A própria empresa se transforma em um bem de grande valor. Mais bens são incorporados ao patrimônio, por meio da aquisição de imóveis, ações etc. No entanto, é comum encontrarmos situações em que os bens da família e da empresa ainda se encontram misturados, ou concentrados nas pessoas físicas dos sócios. É muito comum, também, os membros da família usufruírem dos recursos da empresa para fins pessoais, causa de conflitos familiares e de questionamentos por parte de profissionais da organização.

Com o aumento da complexidade das relações familiares e com a possibilidade de ocorrência de divórcios e novas uniões, além da preocupação dos pioneiros em preservar o patrimônio constituído, surge a necessidade de se dar um encaminhamento para as questões patrimoniais da empresa e da família. Muitas famílias proprietárias, já nesta etapa, promovem a sucessão patrimonial dos bens, incluindo as cotas ou ações da empresa, valendo-se de um processo planejado e estruturado que combina a proteção do patrimônio para as gerações futuras e planejamento tributário.

A profissionalização e a formalização graduais tornam insustentável o uso dos recursos da empresa por familares. Família e empresa estabelecem regras, frequentemente abolindo de vez essa prática.

Força Orientadora Deste Estágio

Uma das grandes forças direcionadoras do desenvolvimento da família e da empresa nesta fase é reconhecer e separar o que é de quem, seja entre os ramos familiares; pioneiros e sucessores; família e empresa. Isso vai acontecendo gradualmente devido à necessidade crescente de se tratar de maneira diferente o que precisa ser assim tratado e, em contrapartida, integrar somente aquilo que deve ser integrado. Outro grande direcionador é a necessidade de criar novos conceitos, métodos e procedimentos para constituir uma estrutura de governança e gestão que dê sustentabilidade e continuidade ao negócio.

Crises Típicas Deste Estágio

Como indivíduos, em nossa fase adulta, as principais crises estão relacionadas com a necessidade de autoafirmação e com o confronto entre o impulso e a razão. Precisamos de espaço para passar pelas nossas próprias experiências e testar nossos próprios conceitos na prática da vida. Tudo isso ao mesmo tempo em que estamos na busca do nosso lugar no mundo.

Na empresa de gestão familiar, poderíamos traduzir o que se passa no plano dos indivíduos por dilema entre crescimento e desenvolvimento. Esse dilema pode levar a empresa a ficar oscilando entre um extremo e outro, provocando dispersão de energia e de recursos. As empresas que encontram a chave para a combinação dinâmica e inteligente desses dois ingredientes desenvolvem a arte que as levará sem grandes sobressaltos ao estágio evolutivo seguinte.

O processo de sucessão é outro grande fator de crise nesta fase. A sucessão é um fenômeno inevitável, pois os pioneiros não são eternos. No entanto, a insegurança e a ansiedade podem gerar grandes dificuldades e, portanto, é melhor que a transição seja planejada no momento de fartura e paz, e seja bem gerenciada.

Os sintomas dessas crises tornam-se evidentes quando a empresa começa a demonstrar perda de agilidade e corrosão da receita e da rentabilidade, em função das dificuldades internas. Esses indicadores permitem diagnosticar que o foco de atenção está concentrado no mundo interno e o mercado está sendo esquecido. E quando o mercado é negligenciado algum concorrente percebe a brecha e a ocupa. Por isso tudo, é de fundamental importância que a família e a empresa saibam diferenciar e se preparem para o tratamento das questões familiares, societárias e do negócio.

Fase 3 – Empresa com Governança Familiar

Na fase anterior, pudemos perceber que a empresa evolui a partir de dois movimentos que se contrapõem ou se complementam: diferenciação e estruturação. Vimos, também, que os sintomas precursores da mudança são percebidos, principalmente, nos movimentos de sucessão e profissionalização, e no estabelecimento de instrumentos e regras de governança corporativa.

Podemos dizer, comparando com a evolução dos indivíduos, que esse novo estágio representa o estágio maduro e consciente da empresa de família. Agora as diferenças já foram reconhecidas e assimiladas, e algumas experiências de governança corporativa já aconteceram. A família e a empresa ganham, então, condição de construir uma integração melhor estruturada.

Com a maturidade decorrente do próprio amadurecimento dos sucessores e proveniente, também, das crises enfrentadas, além da consciência ampliada pela percepção mútua das necessidades, qualidades e defeitos, a família começa a ter maior compreensão do que é essencial para ela própria e para a empresa. Tem, então, condição de identificar os interesses convergentes para o futuro da família e dos negócios.

A partir de então, começa a ser desenvolvido e instalado o que chamamos de modelo de governança corporativa. As principais características desse modelo dizem respeito à distinção e à integração das instâncias de governança da família e dos negócios, com a instalação dos respectivos fóruns e instâncias.

As principais características desta fase encontram-se descritas a seguir.

Identidade da Família Nesta Fase

Um dos principais sintomas de que a empresa entrou nesta fase ocorre no âmbito da própria família, quando ela naturalmente toma a iniciativa de alinhar e explicitar sua visão de futuro, sua missão e seus valores. Nesse momento, a família começa de alguma maneira a se perguntar e alinhar questões do tipo:

- Qual a nossa visão de mundo?
- O que o mundo cobra de nós?
- O que é sagrado para nós?
- O que vamos construir juntos?
- O que queremos deixar para o mundo?

Nesse processo, o conceito de mundo é ampliado. Passam a ser reconhecidas e integradas as necessidades e os anseios da família, da empresa e da sociedade. A família resgata sua história, compreendendo toda sua trajetória, destacando os princípios e valores que foram fundamentais para os parentes se manterem juntos.

Em um recente trabalho que realizamos, um dos momentos mais marcantes aconteceu quando as várias gerações da família se encontraram e, num ritual muito bonito, em que predominaram o respeito e a consideração, resgataram a história da família, honrando e agradecendo as gerações anteriores. Também reviveram os valores cultivados, ampliando a consciência do legado que receberam e deveriam honrar e transferir para as gerações seguintes. Ao final da reunião, redigiram uma carta em que os princípios e as diretrizes acordados foram explicitados.

Em empresas formadas por um grupo de pioneiros, esse processo passa primeiro por um alinhamento dentro de cada ramo familiar para depois alcançar a convergência final. O mesmo acontece em empresas de famílias com sócios pertencentes a famílias diferentes. Nesse caso, o que é alinhado no universo de cada família representa os princípios e diretrizes para elaboração do acordo societário, ou de acionistas.

É nesta fase que a iniciativa para a definição e implantação do modelo de governança corporativa é tomada de forma consciente e madura. O sucesso dessa empreitada vai depender dos princípios e valores da família serem respeitados e as boas práticas de governança corporativa, consideradas.

Ao adotar novos conceitos e regras, a família e a empresa experimentam algo como estar vestindo uma roupa nova. A roupa pode ser bonita e desejada, mas no início causa algum desconforto. Essa sensação, algumas vezes, transforma-se em resistência, e provoca questionamentos que, se forem aproveitados como oportunidades de aprendizado, possibilitarão um contínuo aperfeiçoamento do modelo implantado, além da incorporação de novos conceitos e do crescimento pessoal dos envolvidos. A resultante positiva desse processo é que o modelo deixa de ser puramente técnico e passa a ter as feições da família.

Como produto concreto desse movimento, podem vir a ser estruturadas *holdings* familiares de participação e patrimoniais, e são instalados o conselho de família ou o de administração, com seus respectivos comitês. Todas as definições e procedimentos para funcionamento desses órgãos (finalidade, papéis, responsabilidades, processo decisório etc.) são amplamente discutidos e ajustados às características de identidade da família e ao porte do negócio, além de implementados gradualmente, exigindo um grande envolvimento por parte dos membros da família e um esforço especial de aprendizagem para atuarem nos novos papéis.

Também são formalizados o acordo societário ou de acionistas e o código de conduta que estabelecem as regras fundamentais para balizamento das relações entre os sócios e entre os membros da família e a empresa.

É neste estágio, também, que tanto a família como a organização podem se beneficiar da contribuição de profissionais externos em seus níveis de governança corporativa. A contratação de conselheiros profissionais e de assessores passa a ser mais compreendida e melhor utilizada, incorporando-se à cultura de governança da família e da empresa.

Muitas famílias tomam a iniciativa de elaborar um plano estratégico para a própria família, estabelecendo os objetivos, estratégias e planos de ação para longo prazo. Um dos elementos é o planejamento da sucessão e da formação das gerações futuras. A preparação das novas gerações é fator chave para o bem-estar futuro da família e a continuidade dos negócios. São instalados comitês específicos com esse fim e são criados fundos financeiros, administrados pelo conselho de família.

As Características da Empresa Nesta Fase

A empresa passa a ser beneficiada pelo alinhamento e preparação da família, além da implantação do sistema de governança corporativa, gerando reflexos positivos em todas as suas dimensões. A clarificação da identidade da família e das expectativas e diretrizes dos acionistas, assim como a instalação dos canais de representação e dos fóruns de decisão no âmbito da empresa e da família, favorecem a qualidade das decisões e minimizam a dissipação de tempo e esforço no tratamento das questões empresariais.

Os princípios e diretrizes oriundos da família são compartilhados com os profissionais da empresa, através da interação de representantes da família com os principais executivos dos negócios. A empresa realinha sua identidade, integrando as necessidades da família, do mercado, da sociedade e dela própria.

Nessa fase, os membros da família ganham a condição de atuar em qualquer nível da estrutura da empresa sem provocar turbulência, pelo fato de distinguirem conscientemente os papéis de acionista e de profissional, além de serem submetidos ao mesmo conjunto de políticas, regras e critérios que qualquer outro colaborador. Em algumas organizações são implantados programas especiais voltados para a formação de herdeiros, tais como programas de *trainees*.

A empresa passa a valorizar o planejamento estratégico como forma de pensar e direcionar o negócio em horizontes de longo prazo. As estratégias de crescimento são estabelecidas de forma a compatibilizar as expectativas dos acionistas com as oportunidades de mercado e as necessidades e capacidades da empresa.

O desenho organizacional do negócio é repensado como estratégia de reorientação da estrutura para o mercado e para o empreendedorismo. Surgem novos negócios e é comum ser adotado o modelo de unidades de negócios, como estratégia de diferenciação e aproximação com mercados específicos. Em contrapartida, a necessidade de integração da estrutura leva a empresa a adotar o processo decisório participativo, além de adotar a filosofia de gestão colegiada e valorizar o trabalho em equipe, como reflexo do sistema de governança superior.

Os resultados estratégicos e operacionais, assim como a evolução geral do negócio, passam a ser acompanhados pelo conselho de administração em reuniões estruturadas e divulgados por meio de relatórios e apresentações que permitem avaliar o desempenho dos diretores. Esses resultados são comunicados e discutidos com os demais membros da família, de maneira estruturada, nas reuniões do conselho de família.

A gestão da empresa passa a ser descentralizada e orientada por diretrizes e objetivos estratégicos, assim como por um conjunto de políticas e regras institucionais orientadas pelas diretrizes da governança corporativa e pelas boas práticas de mercado.

A Relação com o Mercado Nesta Fase

As mudanças mencionadas nos âmbitos da família e da empresa geram reflexos positivos imediatos na relação com o mercado. A empresa que em fase anterior tiver se afastado dos clientes, neste estágio tende a se reaproximar deles, agora muito mais consciente, capacitada e segura.

Vamos voltar ao caso citado da empresa cujo incômodo principal era o fato de não conseguir crescer. Após reconhecer que precisava resolver as questões de sucessão no âmbito da família (e isso desencadeou outra onda de sucessão nos níveis de liderança da organização), a empresa começou a rever seus conceitos e crenças, revisitando sua visão de futuro, sua missão e seus valores. Adicionalmente, elaborou um plano estratégico para sete anos e repensou o modelo de negócio e a estrutura organizacional. Todo esse movimento provocou uma renovação cultural e profissional impressionante na empresa como um todo, o que foi gradualmente percebido e respondido positivamente pelo mercado, levando-a a um ciclo de crescimento sustentado que já dura quase uma década.

Hoje, fica cada vez mais evidente que a governança corporativa sólida adiciona valor aos grupos empresariais familiares. Além disso, o negócio se torna mais robusto e menos sujeito aos trancos da conjuntura e do ambiente concorrencial, reduzindo a vulnerabilidade pela maior capacitação profissional dos gestores e pela adoção de boas práticas de mercado.

Temos assistido a uma onda de abertura de capital das empresas no Brasil, as chamadas IPOs (oferta inicial de ações). As empresas de família bem-sucedida nessas iniciativas possuem como traço comum se apoiarem firmemente numa governança corporativa bem estruturada e sólida para passar maior confiança ao mercado, conquistar os investidores e sustentar o modelo de negócio. A combinação dos fatores que caracterizam a relação com o mercado nesta fase tem como resultante principal maior sustentação do crescimento e atendimento das necessidades da família em longo prazo. A família ganha novas capacidades de leitura estratégica do mercado desenvolvendo, por vezes, parcerias com outras famílias donas de empresas com quem têm convergência de interesses e valores, ampliando o leque de possibilidades.

A Gestão do Patrimônio Nesta Fase

Neste estágio, é percebida uma mudança de mentalidade dos membros da família em relação à empresa como um bem, principalmente no que tange ao tratamento do lucro. O pensamento como acionista permite evoluir do conceito de geração de dividendos para o geração de valor. Esse movimento muda significativamente a orientação. Deixar-se de atentar apenas para o volume a ser distribuído no curto prazo (de cotas ou de dividendos), e passa-se a uma concepção mais estratégica, voltada para aumento do valor da empresa em longo prazo.

O patrimônio da família passa a ter maior proteção quando há distinção clara entre o que é público e o privado, assim como definição das regras de transferência de direitos e avais entre os sócios, implantação da estrutura de *holdings* patrimoniais e sistematização do planejamento fiscal-tributário.

Uma característica diferenciada dessa fase é que as futuras gerações começam a ser vistas como capital humano e, portanto, representam um patrimônio a ser administrado criteriosamente. Algumas famílias, já nesta etapa, embora com maior ênfase na etapa seguinte, reservam uma parte de seus dividendos para investirem no desenvolvimento de herdeiros e sucessores, o que revela a prevalência da visão de longo prazo.

Força Orientadora Desta Fase

Uma das principais forças orientadoras do desenvolvimento da família e da empresa nesta fase é a mudança de mentalidade de curto para longo prazo. O imediatismo e a impulsividade dão lugar a decisões com maior consciência e maturidade, às vezes com o sacrifício de um ganho imediato em benefício de algo maior, para um futuro planejado.

Outro fator propulsor de peso é a consciência de que a continuidade do negócio nas mãos da família somente será possível mediante convergência de interesses, sustentação dos princípios e valores comuns, e ainda a concretização das boas práticas de governança corporativa.

Também se constitui em forte elemento orientador a capacidade de integrar e equilibrar crescimento e desenvolvimento, de forma consciente, dinâmica e inteligente, tanto nas diretrizes dos acionistas, quanto nas decisões estratégicas no âmbito da empresa.

Crises Típicas Desta Fase

Uma das características particulares desta fase é que tanto a família quanto a empresa estão agora mais habilitadas para lidar com crises e conflitos. O próprio modelo de governança corporativa cria mecanismos e instâncias diferenciados para resolução dos problemas nos seus fóruns adequados, o que atenua os impactos negativos das crises, de certa forma.

No entanto, alguns fatores podem ainda gerar turbulência. O principal deles ocorre no âmbito da família, quando há grande dificuldade de alinhamento de interesses de indivíduos, ou de ramos familiares. Outro fator de crise se manifesta quando ocorre um retrocesso, ou quebra de acordos entre os sócios e seus herdeiros.

Tivemos um cliente, já com estágio bastante avançado de governança corporativa, que enfrentava uma crise pesada, pois um acordo relacionado ao processo de sucessão na presidência da empresa, firmado havia muitos anos entre os irmãos, não estava sendo cumprido. O impasse gerou grande mal estar na família, com reflexos nos resultados do negócio. Os motivos para o não cumprimento eram bastante subjetivos e levaram ao afastamento não só dos irmãos, mas ao distanciamento das relações entre seus respectivos ramos.

Muitas vezes, as crises nesta fase estão relacionadas com jogos de poder, posturas individualistas ou rompimento com os verdadeiros valores da família, indo contra os fatores essenciais deste estágio, que são: convergência de interesses e desenvolvimento de um ambiente de confiança para a continuidade do negócio e da família.

FASE 4 – FAMÍLIA EMPRESÁRIA

Ao estágio mais avançado de evolução das empresas de família que nossa experiência e nossa pesquisa permitiram identificar até o momento denominamos *família empresária* (nosso nível 4 de desenvolvimento). Esta fase, em seu estado mais consistente, ainda não é muito observada no Brasil. No entanto, nas sociedades mais desenvolvidas, como Europa Ocidental e Estados Unidos, há tempos faz parte do ambiente social e da cultura empresarial predominante.

Acreditamos que essa diferenciação tenha ocorrido porque ao longo de séculos, em tais regiões, desenvolveu-se forte cultura empresarial a partir dos esforços da iniciativa privada, representada por indivíduos, grupos de empreendedores e suas respectivas famílias, que deram continuidade aos negócios e hoje ainda detêm o controle de verdadeiros impérios, com faturamentos superiores aos PIBs de algumas nações.

Como exemplo bastante próximo dos brasileiros, podemos citar a Ceras Johnson, como é mais conhecida a SC Johnson, empresa norte-americana, fundada por Samuel Curtis Johnson há mais de 120 anos e sediada, desde a fundação, numa pequena cidade do estado de Wisconsin, Estados Unidos. A SC Johnson coloca orgulhosamente em sua logomarca a seguinte frase: "SC Johnson, a familycompany-since 1876".

O parque empresarial brasileiro, também formado em sua imensa maioria por empresas controladas por famílias ou grupos de famílias, tem passado, principalmente a partir do controle da inflação e da abertura econômica dos anos 1990, por profundas transformações que, em vários aspectos, se assemelham ao fenômeno vivenciado na América do Norte e na Europa.

Com o ambiente de negócios mais competitivo, além da necessidade de ganhar maior escala e maior competência de gestão para enfrentar os concorrentes, as famílias proprietárias brasileiras têm buscado uma nova postura quanto à governança corporativa. Adicionalmente, uma parte dessas empresas já está operando em mercados internacionais, sendo que as estatísticas já apontam o Brasil como sede de treze das maiores multinacionais das economias emergentes". Dentre essas, algumas são empresas sob o controle de famílias empresárias.

A opção pela abertura de capital traz como uma das principais consequências a exigência de adoção e sustentação de um modelo de governança corporativa robusto que, em conjunto com os demais fatores citados, leva as famílias a desenvolver novas posturas e habilidades que caracterizam o nível família empresária.

As principais características observadas nesta fase podem ser resumidas nos seguintes pontos:

- Forte filosofia empresarial impregnada nos membros da família e disseminada para os negócios.
- Espírito de coesão para fazer negócios juntos: "somos fortes porque estamos juntos por uma mesma causa".
- Genuína preocupação com a coesão e com a harmonia familiar.
- Investimento constante no capital humano da família a partir dos seus talentos e sonhos.
- Competência e motivação para tratar de assuntos práticos de ordem financeira, intelectual, humana e social.

A Identidade da Família Neste Estágio

O que caracteriza a família nesta fase é o desenvolvimento e o culto de uma forte filosofia empresarial e social sustentada por uma identidade clara, consistente e praticada. Seus membros possuem plena consciência de que essa filosofia representa um dos alicerces centrais para coesão e sustentação do senso de família e preservação do legado para as gerações futuras.

A convergência de interesses e valores é compreendida como o elemento catalisador que garante e mantém o espírito de coesão. Os membros do clã familiar percebem claramente que sua força advém da união em torno de causas e valores.

Em algumas situações é observada a figura do guardião da cultura familiar, papel desempenhado por um ou mais líderes da família, que são como o chefe de um pequeno estado, um *líder estadista* com plena consciência da importância de preservar e disseminar a cultura familiar e a responsabilidade social da família.

Existe uma verdadeira preocupação em preservar e passar o legado para as gerações seguintes, assim como em reconhecer e honrar os antecessores por tudo que construíram em termos empresariais, humanos, financeiros e sociais. Em muitas famílias empresárias, esse estágio de consciência ampliada se transforma em ações voltadas para a promoção da responsabilidade socioambiental e para a filantropia, compreendendo a criação de fundações e institutos, e o engajamento em iniciativas sociais.

A família se compromete com o aperfeiçoamento contínuo do modelo de governança corporativa, acompanhando o cumprimento dos acordos e diretrizes, assim como avaliando de forma sistemática a qualidade de atuação de seus representantes, por meio da instituição de um sistema de avaliação dos membros do conselho de administração.

Em estágios mais avançados e em grupos familiares grandes, constituídos de diversos ramos e negócios em comum, observa-se a crescente implantação dos escritórios da família (*familyoffices*). Esses escritórios tem por finalidade principal fazer a gestão da riqueza da família no que se refere a capital humano, social, intelectual e financeiro. Alguns escritórios são tocados por membros da própria família e outros são gerenciados por executivos externos ou empresas especializadas. Essas unidades também prestam serviços os mais diversos aos membros das famílias, prática devidamente prevista nos acordos celebrados.

As Características da Empresa Nesta Fase

A empresa, nesse estágio, cultiva forte convergência com a filosofia da família. Essa convergência atua como elemento fortalecedor da identidade da empresa, inspirando sua visão, seus valores e sua missão, e fazendo fluir a força espiritual da família para sua ação no mundo.

A governança corporativa da empresa passa a ter uma grande integração com a governança da família, por meio de um contínuo processo de influência mútua positiva, combinando a preservação da cultura familiar com a adoção de boas práticas. Esse processo contínuo atua como elemento propulsor do desenvolvimento da empresa.

Outra característica importante observada nesta fase é que as políticas relacionadas com a gestão do capital humano da empresa passam a ser orientadas, principalmente, pelo conceito de meritocracia. Os colaboradores de qualquer nível e sobrenome passam a ser contratados, remunerados, promovidos ou desligados por seus méritos ou deméritos.

Neste estágio, os membros da família distinguem muito bem família e negócio. Como consequência, há plena separação na utilização de recursos e serviços da empresa para necessidades e interesses pessoais. Essas necessidades passam a ser atendidas pelas *holdings* familiares, ou pelo escritório da família.

A Relação com o Mercado Nesta Fase

A família empresária desenvolve uma visão ampliada em relação ao mercado na busca de oportunidades para aumentar seu potencial. Essa visão ultrapassa os limites dos negócios existentes e está mais voltada para o aproveitamento dos talentos e capacidades das novas gerações, assim como para a exploração de novos campos e oportunidades de negócio.

Um de nossos clientes adotou a estratégia de criação de um fundo comum, administrado pelo escritório da família, cujas principais finalidades são o incentivo ao desenvolvimento da capacidade empreendedora dos herdeiros, assim como a incubação de novos negócios.

A visão estratégica desenvolvida na família e na empresa também se orienta pela preocupação com a perpetuação dos negócios, ora diversificando, ora saindo dos negócios originais que perderam a razão de ser.

A visão ampliada possibilita a articulação e a associação em novos negócios e iniciativas com outras famílias empresárias com filosofia semelhante, principalmente no que tange à missão e aos valores. Em boa parte das vezes, o interesse no empreendimento ultrapassa a mera questão de lucro e o que prevalece é o benefício social.

A Gestão do Patrimônio Nesta Fase

No estágio de família empresária, o conceito de patrimônio se amplia para além da visão puramente focada na riqueza compreendida por bens materiais (imóveis, ações etc). O conceito de riqueza da família passa a abranger a preservação e a ampliação dos capitais humano, intelectual, social e financeiro.

Voltando ao exemplo citado no tópico anterior, nosso cliente, ao criar o citado fundo, tinha em mente que a principal riqueza da família é o seu capital humano. A família era bem numerosa e composta por vários ramos. Elaborou-se um acordo em que os três sócios e respectivos herdeiros concordavam em designar uma parte dos dividendos para a formação de um fundo comum e permanente, com a finalidade de promover, de forma igualitária, ações para o desenvolvimento das novas gerações. O interessante, nesse caso, é que todos tinham interesses convergentes e, portanto, entendiam a importância da formação dos herdeiros para garantir a continuidade dos negócios, sem distinção ou privilégio de qualquer ramo familiar.

A família tem clareza de que suas competências orientadas para interesses convergentes geram mais riqueza do que a ação fragmentada, o que a leva a ampliar sua visão em relação ao uso do lucro. Neste estágio, o reinvestimento contínuo de uma parcela do lucro faz parte da estratégia de continuidade e crescimento. A família migra do conceito de dono que vive da retirada de lucro para o de acionista, que investe e valoriza a empresa em longo prazo.

A família passa a ser solicitada a desenvolver capacidades, atitudes e hábitos voltados para uma boa gestão do patrimônio. Novos papéis são criados para esse fim e, em alguns casos, são contratados profissionais ou empresas especializadas. No entanto, existe a consciência de que cabe aos membros da família a responsabilidade de trabalhar para a perpetuação da riqueza familiar, seja no aspecto humano e intelectual, seja na ampliação de bens e propriedades.

A Força Orientadora Desta Fase

Neste estágio, a principal força atuante na família está em promover a convergência de propósitos e interesses. Outro fator propulsor neste estágio é o contínuo interesse em manter um ambiente de harmonia nas relações familiares, o que leva os membros da família a desenvolver habilidades de relações humanas e aptidões para a resolução de conflitos.

Por fim, neste estágio, a família empresária se concentra em gerir o patrimônio da família para perpetuação da riqueza familiar e em passar o legado para as futuras gerações.

As Crises Típicas Desta Fase

As crises dessa fase são mais sutis e difíceis de serem identificadas que nas fases anteriores. A família e a empresa já estão em estágio avançado de desenvolvimento, o que as leva, muitas vezes, a abafar as divergências e conflitos que podem vir a eclodir numa crise mais ampla no futuro.

No entanto, o principal sintoma de crise aparece

quando a família relaxa na atenção e tratamento de assuntos práticos de ordem financeira, intelectual, humana e social.

Algumas famílias, por despreparo ou desinteresse, acabam transferindo a responsabilidade de gestão de seu principal patrimônio para terceiros, ou delega essa função para pessoas incapacitadas da família, com graves consequências.

Outro fator que pode levar a crises consiste no descontentamento, ou ausência de metas para a vida pessoal, por parte dos membros da família. Esse fator pode afetar tanto um membro mais sênior quanto as novas gerações. Em ambos os casos, irá causar dificuldades de toda ordem. É importante que a família adote procedimentos e crie fóruns adequados para lidar com questões dessa natureza. Em alguns casos, será necessária a ajuda de profissionais especializados.

Capítulo 3
As Fases de Governança Corporativa

No capítulo anterior vimos as diferentes fases de desenvolvimento das empresas de família. Neste capítulo, dedicaremos uma especial atenção à evolução do exercício da governança corporativa desde a fase 1 (*empresa familiar*) até a (fase 4 (*família empresária*), no que se refere ao aperfeiçoamento dos princípios, regras e procedimentos até a chegada ao estágio pleno do aparato de governança corporativa bem estruturado, abrangendo igualmente a empresa e a família.

Vamos examinar agora essa trajetória para ajudar a ampliar a consciência sobre o que significa ser um grupo empresarial familiar maior e mais diverso no futuro, mantendo ou não o negócio original. Duas questões desafiam a adoção das chamadas boas práticas de governança corporativa nas empresas de família:

- Como uma família dona de empresa deve se organizar para harmonizar as tensões e complexidades oriundas da evolução de seu ambiente interno e do contexto de negócios?

- Como gerenciar o processo para manter o grupo como uma família em termos econômicos?

As estruturas familiares e o ambiente empresarial estão passando por rápidas e profundas transformações, tornando cada vez mais complexas as relações entre indivíduos e grupos nesses dois contextos. Portanto, não podemos deixar de considerar esse pano de fundo e, mais ainda, observar que esses dois universos, complexos em si, estão intimamente relacionados quando falamos de governança corporativa.

À medida que aumenta o número de parentes, a empresa também vai ficando mais complexa e a gestão exige mais profissionais intervenientes e mais mecanismos de prevenção e proteção a desvios, crises societárias, desrespeitos aos interlocutores internos e externos e mau uso dos ativos. Além disso, fenômenos externos como tendências macro e microeconômicas acabam pressionando por melhores práticas de governança corporativa.

Governança corpoativa, em essência, é a maneira de uma família proprietária de empresa se estruturar para lidar de maneira construtiva e saudável com as questões colocadas logo acima. Favorece o estabelecimento do senso de propósito da família, o que, por sua vez, facilita a implementação de estruturas e processos que permitam à própria família tomar decisões a tempo, e de maneira confortável, para garantir sua sobrevivência como uma unidade social e econômica.

Existem diversos fatores a influenciar o desenvolvimento das empresas, tais como: intenções e necessidades de seus líderes, conjuntura econômica, ambiente concorrencial, mudanças tecnológicas etc. No entanto, quando falamos de empresas de família, podemos afirmar que existe um fator preponderante que as diferencia das demais. Esse fator é a própria família que a controla: sua história, valores, necessidades, desejos e características de seus integrantes. Esse grupo social transforma a empresa à medida que ele próprio se transforma.

Conforme a família e a empresa evoluem, gradualmente novos conceitos e novas formas de organização são experimentados e incorporados à maneira de gerir os interesses e as relações nos âmbitos da família e dos negócios sob seu controle, escrevendo uma história única que identifica e une esses dois universos.

Em boa parte, esse processo de transformação se dá por meio do aprendizado com crises, desafios e do convívio entre os diversos *stakeholders*, tanto no âmbito empresarial (acionistas, clientes, colaboradores, fornecedores etc.) quanto no ambiente da família (pais, filhos, irmãos, primos, cônjuges, herdeiros, sucessores e outros).

Aqui vale investir algum tempo em diferenciar e ao mesmo tempo integrar os conceitos de governança e gestão.

Quando nos referimos à governança corporativa e à gestão em famílias donas de empresa e empresas de família, estamos, na essência, tratando da dinâmica que envolve quatro universos diferentes que se inter-relacionam.

Governança corporativa e gestão são conceitos gêmeos siameses e um não sobrevive sem o outro, principalmente quando falamos de famílias e empresas. O primeiro se refere a transição de gerações, harmonização de propósitos e valores, competição e inter-relacionamento de interesses, perpetuação de patrimônio e riqueza.

O segundo está relacionado a planejamento, organização, execução e controle – eficácia e eficiência, desenvolvimento de competências, *marketshare*, trabalho em equipe, planejamento e realização de estratégias e metas, orçamento, tecnologia etc. A gestão precisa tomar decisões criativas, racionais e lógicas, de modo a satisfazer as necessidades do mercado e de colaboradores, assim como atender aos interesses de seus controladores.

O quadro seguinte procura esclarecer o que entendemos por gestão e governança corporativa nas quatro dimensões organizacionais.

Dimensões	Gestão	Governança Corporativa
Identidade	Estratégias e Objetivos Empresariais	Diretrizes e Protocolos Alinhamento de Visão de Futuro, Missão e Valores
Relações	Papéis e Responsabilidades Estrutura Organizacional	Gerenciamento de Interesses Correlacionados e Conflitantes
Processos	Competências Eficácia e Eficiência Resultados	Ferramentas para Reconhecimento e Gerenciamento das Dinâmicas da Família
Recursos	Orçamento e Controles	Lucro e Investimento

Grande parte dos fracassos na implementação de modelos de governança corporativa decorre do pecado de se fazer uma leitura equivocada ou não se levar em conta o estágio de evolução da família, assim como as necessidades da empresa em termos de processos de gestão, no momento de estabelecer o sistema.

Cada família e cada empresa possui uma história única e nessa biografia residem os elementos (em boa parte encobertos por sutilezas e subjetividades) que nos permitem reconhecer a essência, ou seja, a identidade do grupo familiar e da empresa que, em boa parte das vezes, se confundem. Tais elementos explicam o que o estágio atual de suas existências, assim como dão indicações sobre a posição que terão no futuro.

Outro equívoco muito comum e também bastante danoso é a atitude de construir estruturas de governança corporativa voltadas apenas para solucionar situações mal resolvidas do passado ou deficiências do presente. Essa percepção é limitada e produz apenas pequenos benefícios de curto prazo.

As iniciativas de governança corporativa devem ser pensadas estrategicamente e precisam se voltar, principalmente, para a criação das bases e formas organizacionais para a sustentação e o fortalecimento da riqueza da família. Portanto, quando estão implantando modelos de governança corporativa, as famílias devem ter um pé no passado, o outro no presente, e os olhos no futuro.

Quando uma empresa de família evolui em subsequentes gerações, o desafio fundamental passa a ser o desenvolvimento de mecanismos para sustentar no futuro a continuidade do controle familiar.

A configuração da governança corporativa acompanha de perto cada uma das quatro fases arquetípicas que vimos no capítulo 2.

A Governança Corporativa Na Primeira Fase – *Empresa Familiar*

Como ficou explícito no capítulo anterior, esta é a fase em que a família e a empresa se confundem e constituem basicamente um único ser. A primeira geração ainda está muito atuante e mantém praticamente toda a estrutura de comando sob seu domínio. Talvez o conceito clássico de governança corporativa nem seja muito aplicável a este estágio e o termo mais adequado seja *gestão*.

O fundamental neste estágio é a luta pela sobrevivência e pelo crescimento. As necessidades da família, por vezes, ficam relegadas a segundo plano e os pioneiros, devido ao carisma e ao respeito que detêm, contam com força moral para impor seus pontos de vista e suas decisões.

Os pioneiros representam a autoridade moral, tanto no ambiente familiar quanto no empresarial. A força de seu carisma atua como elemento orientador das principais decisões tomadas nesses dois universos e no modo de agir das pessoas a eles subordinadas que, muitas vezes, os imitam.

Os interesses e demandas familiares são geralmente resolvidos de maneira informal, segundo os princípios, valores, simpatias e antipatias dos líderes pioneiros.

A Governança Corporativa na Segunda Fase – *Empresa de Gestão Familiar*

Neste estágio, já é comum observarmos até três gerações convivendo e lutando por espaço nas famílias e suas empresas. Também poderíamos dizer que é a fase em que a empresa está transitando de uma sociedade de pais e filhos para uma rede de tios, primos e cônjuges, todos envolvidos de alguma forma com a gestão dos negócios. Trata-se então de uma árvore composta por vários ramos com interesses e necessidades diferentes e, em boa parte, conflitantes.

As principais metas, regras e normas que norteiam as relações e as ações na família e na empresa, agora, precisam ser explicitadas e compreendidas por muitos e, portanto, já não podem emanar unicamente do carisma e da ação direta dos pioneiros, pelo fato de eles estarem cada vez mais distantes.

Torna-se necessário introduzir estruturas e processos que ajudem a exteriorizar e explicitar o que emana da autoridade moral dos pioneiros e o que deve ser respeitado e preservado por seus sucessores e colaboradores. A estrutura inicial de governança corporativa passa a representar uma espécie de autoridade moral institucional. Introduz a família e a empresa no aprendizado do agir por princípios, diretrizes e normas formalizadas.

Outro fenômeno comum nesta etapa é que as capacidades físicas e mentais dos pioneiros começam a declinar, desencadeando naturalmente o processo de sucessão. Empresas que se mantêm exageradamente dependentes de um líder pioneiro correm o risco de acompanhar inertes o inevitável declínio do fundador e até morrer antes dele. Talvez aí resida a principal razão para o alto índice de mortalidade de empresas de família na transição da primeira para a segunda geração.

Uma boa parte das famílias começa a lidar com crescentes níveis de complexidade e desgaste, ao gerenciar de maneira emocional os interesses conflitantes de seus membros em relação aos negócios.

Esse fenômeno estimula o desenvolvimento de uma nova consciência e estimula iniciativas e experiências com modelos de governança corporativa, levando todos a um profundo e, por vezes, doloroso processo de aprendizagem com as crises e desafios naturais nesses momentos de transição.

De uma forma geral, nesta etapa, as famílias donas de empresa experimentam e modelam, de forma particular, conceitos e instrumentos de governança corporativa, tais como:

Estabelecimento da visão e da missão da família, assim como clarificação e afirmação dos valores a serem preservados.

Elaboração de acordo de acionistas e código de conduta.

Criação das estruturas de governança corporativa propriamente ditas – conselho de gestão ou consultivo (que podem ter membros independentes) e conselho de família.

No entanto, apenas soluções estruturais não são suficientes em período de transição. Para que essas estruturas funcionem adequadamente, são requeridos atitudes e comportamentos de engajamento e capacitação, principalmente das gerações mais antigas. Isso não é simples e acaba não acontecendo na maioria das famílias donas de empresa. Quando esses requisitos não são atendidos, a estrutura de governança corporativa passa a ser percebida como burocracia, desperdício de tempo e dinheiro jogado fora, fortalecendo a resistência dos que são contrários à mudança.

A pesquisa em famílias proprietárias identifica que, neste patamar, as empresas experimentam ciclos de alternância, compreendendo períodos em que os sócios e membros das famílias se integram e participam ativamente do fortalecimento da governança corporativa, e outros em que, em virtude de dificuldades, emerge um líder carismático, tal qual um novo pioneiro, que consolida sua autoridade e mantém o sistema sob seu domínio, desprezando os avanços e gerando a sensação de retrocesso.

Em nossa experiência, temos de reconhecer que esse tipo de líder, dentro de determinadas conjunturas, funciona melhor para a família e para os negócios do que certos modelos de governança corporativa. O problema é que eles são raros!

O aprendizado com a experiência de estruturação da governança corporativa não é simples e exige disciplina, dedicação e desapego. Caso nesta fase a experiência seja mais positiva que negativa, a família tende a evoluir e amadurecer ganhando novas qualidades, o que a ajuda a evoluir para um patamar superior. Caso contrário, podem surgir estagnação ou conflito que, em muitos casos, deságuam na cisão da sociedade, ou na venda da empresa.

A Governança Corporativa Na Terceira Fase – *Empresa com Governança Familiar*

Neste novo estágio, a família dona de empresa e seus interlocutores desenvolvem e amadurecem uma clara consciência de que "governança familiar é fundamental para garantir a adesão ao sistema de valores da família e ao seu propósito geral, assim como para a transferência de riqueza e o sucesso trans-geracional"[8].

Uma nova consciência é desenvolvida como decorrência do esforço contínuo de aprendizagem e desenvolvimento. Agora, os envolvidos na governança corporativa em relação à família e à empresa compreendem de forma ampla suas responsabilidades perante o legado recebido e os desa-

---

[8] LANSKY, Davide PENDERGAST, Jennifer. Is good governance differentin the family office setting? – Familiy Business Magazine

fios do futuro, tornando-se, por assim dizer, uma espécie de identidade expandida e integrada à autoridade moral oriunda dos pioneiros. Essa nova consciência se traduz na força orientadora que passa a reger os acordos e os compromissos assumidos em conjunto.

Além disso, é nessa hora que a família começa a adotar de forma consistente e harmônica as melhores práticas de governança corporativa, sem se despersonalizar. Poderíamos dizer que o modelo adotado é permeado pelas características positivas da cultura familiar, ficando com as feições da família, como comentado no capítulo anterior.

Questões polares como família-negócio, emoção-razão, individual-participativo e principalmente segregar-integrar são resolvidas por meio da elaboração de acordos e códigos construídos de maneira dialogada. Podemos dizer que é nesta fase que a família dona de empresa passa a praticar com propriedade a máxima: *só pode ser integrado o que foi primeiramente devidamente separado.*

Essa equação de equilíbrio e integração cria maior robustez e favorece o bom funcionamento das instâncias de governança corporativa. A adoção de um sistema integrado e, ao mesmo tempo, aberto e flexível, que promova o envolvimento de acionistas, conselheiros e diretores, aumenta a estabilidade e reduz a probabilidade de solavancos e retrocessos.

As *holdings* familiares de participação e patrimoniais podem ser criadas, como vimos anteriormente, com a finalidade de se estabelecerem as instâncias de decisão e controle adequadas para a governança de cada ramo familiar e do conjunto dos ramos.Também são formalizados os instrumentos que consagram os princípios e regras fundamentais para balizamento das relações entre os sócios, os membros da família e a empresa.

Todas essas definições e procedimentos são amplamente discutidos, acordados e implementados gradualmente, exigindo um grande envolvimento por parte dos membros da família e um esforço especial para a mudança de hábitos obsoletos e aprendizagem de novos conceitos e o desenvolvimento de novas habilidades e atitudes. Só assim os agentes ficarão preparados para atuar em novos papéis.

É neste estágio também que as famílias estão mais habilitadas a extrair o maior benefício da participação de profissionais externos em suas instâncias de governança corporativa. Os *stakeholders* como bancos, fornecedores e parceiros estratégicos tendem a ver uma empresa de família com um conselho independente e qualificado como um parceiro desejável. A contratação de conselheiros profissionais e assessores passa a ser mais compreendida e assimilada, gerando maior valor para a família e a empresa.

Muitas famílias tomam a iniciativa de elaborar planos estratégicos próprios, estabelecendo objetivos, estratégias e planos de ação para o sucesso familiar em longo prazo. A família compreende que a preparação dos herdeiros é fator crítico para o sucesso no futuro e para a continuidade dos negócios. Comitês específicos são instalados com esse fim e fundos especiais são criados e administrados pelo conselho de família.

Este estágio incorpora novas qualidades importantes tanto à família quanto ao modelo de governança corporativa, conforme exemplificado a seguir.

Família

1. Equilíbrio entre liberdade individual e compromisso coletivo, compreendendo tradição e inovação, celebração do passado e do futuro, assim como respeito às diferenças individuais na construção de valores e visão de futuro.
2. Plano estratégico próprio com foco no desenvolvimento das competências da família.
3. Equilíbrio entre os interesses do negócio, dos indivíduos e da família.
4. Facilitação da saída de sócios que não desejem ou não possam se manter como acionistas, adotando procedimentos e posturas, tais como:

- acordo societário com cláusula de transferência de participação e de fórmulas e termos para avaliação dos valores;
- criação de um fundo capital crescente ou uma folga no balanço para dar liquidez ao acionista, se necessário;
- aceitação da escolha do sócio, sem julgamento ou indução de culpa.
5. Negociação do tipo *ganha-ganha*.
6. Aprendizado com o passado, com o olhar para o futuro.
7. Aprendizado mediante a troca de informações com outras famílias donas de empresa e participação em programas voltados especificamente para o desenvolvimento de empresas de famílias.

Conselho de família

1. Foco em longo prazo.
2. Elaboração da *constituição da família* articulando propósitos, valores, políticas; e regulando práticas, expectativas, papéis e responsabilidades dos membros da família.
3. Busca de consenso por meio do cultivo genuíno do respeito pelos membros da família individualmente, sem agendas ocultas, assim como persistência na adoção de um processo decisório realista e justo.
4. Reuniões regulares da família com a finalidade de engajamento, capacitação e fortalecimento do vínculo familiar.
5. Criação de um comitê de capacitação para o desenvolvimento das novas gerações.

Conselho de acionistas/cotistas

Participação e envolvimento dos acionistas antes da ocorrência de problemas, evitando ações contenciosas.

Conselho de administração/gestão

1. O conselho de administração passa a ser proativo na elaboração de diretrizes e políticas. A ênfase da atuação passa a ser participação em vez de segregação.
2. As decisões do conselho concentram-se no debate de novas decisões, estratégias e políticas, e não na análise do desempenho passado.
3. Os conselheiros dispõem de bons conhecimentos sobre a complexidade da empresa e de seu segmento, assim como de finanças e regulamentos pertinentes ao negócio.
4. Os conselheiros têm acesso livre e direto às informações.
5. Os conselheiros dedicam à empresa mais tempo em atividades profissionais do que a mera duração das reuniões de conselho.
6. Os conselheiros têm consciência e concordam em que o sucesso pessoal deles está relacionado com sua capacidade de criar valor para a empresa.

Escritório da família

1. Incorporação de estruturas e processos básicos voltados para suporte a famílias compostas de vários ramos, com a finalidade de apoiar e integrar a gestão dos patrimônios culturais, humanos e financeiros das famílias.
2. Criação e gerenciamento de instituições para cuidar das iniciativas socioambientais da família.

A Governança Corporativa na Quarta Fase – *Família Empresária*

Neste estágio mais avançado da governança corporativa, o capital moral e o senso de conquista humana ganham maior amplitude. A interdependência se amplia, gerando consciência mais profunda sobre a responsabilidade mútua, que ultrapassa as fronteiras da família e da empresa. Os envolvidos na governança corporativa compartilham o que é vivenciado como a "nossa empresa", vista como um ecossistema organizacional, e se percebem como uma rede de parceiros do destino.

Os membros da família empresária desenvolvem plena consciência sobre as razões para se manterem juntos como proprietários colaboradores. A visão, a missão e os valores da família são revisitados com maior frequência e regularidade. Os líderes familiares se dedicam a gerenciar a coesão familiar.

É dada especial atenção ao desenvolvimento contínuo e à sustentação de uma cultura familiar funcional que constitua a principal força impulsionadora da família e da empresa. Essa cultura enfatiza, fundamentalmente: capacitação dos membros da família para serem bons acionistas e bons empresários; e desenvolvimento de abordagens empresariais para a criação de riqueza nova.

Um dos sinais de que uma família e sua empresa atingiram um estágio maduro de desenvolvimento é ter um conselho de administração e uma diretoria compostos, em sua maioria, por profissionais independentes, selecionados com base nas competências e na experiência necessárias para ajudar a empresa a alcançar o direcionamento estratégico planejado.

O ingrediente-chave para chegar a este patamar é o cultivo permanente de um ambiente de confiança mútua entre acionistas, conselheiros e executivos, o que permite aos conselheiros concentrarem-se em contribuir para o pensamento estratégico dos executivos e em ajudar os proprietários no esforço de alinhamento de seus pontos de vista.

A clarificação e a coordenação de papéis e responsabilidades de governança corporativa entre acionistas, conselheiros e executivos é o ponto central para a construção desse ambiente.

É nesta fase que as famílias mais numerosas e compostas por vários ramos implementam, de forma plena, o *family office*, cujas finalidades são:

- desenvolver e implementar estratégias voltadas para o crescimento e a preservação do capital humano, intelectual, social e financeiro da família;
- desenhar e implementar estratégias e programas para preparação das novas gerações;
- gerenciar processos voltados para a passagem do legado para os mais jovens;
- ampliar a visão dos membros da família em relação aos negócios na busca de oportunidades para a plena utilização de seus potenciais e capacidades;
- estimular a articulação e a associação com outras famílias proprietárias e empreendimentos coerentes com a missão, a visão, os valores e os princípios da família;
- desenvolver iniciativas relacionadas às necessidades dentro e fora do círculo familiar e da empresa (responsabilidade socioambiental e filantropia);
- gerenciar estratégias de investimento individual e coletivo, considerando as diferentes características e necessidades dos membros da família.

Famílias donas de empresa que chegam a este estágio desenvolvem um ambiente societário mais aberto, com maior capacidade empreendedora e sentem-se estimuladas e seguras em ambientes de maior concorrência, com maiores oportunidades de crescimento. Muitas famílias brasileiras já estão adotando iniciativas de abertura de parte do capital de seus negócios, como já foi comentado, e realizam parcerias estratégicas com fundos de *private equity*.

O nível de complexidade da governança corporativa no escritório da família está diretamente relacionado com a amplitude e a complexidade dos negócios, da variedade de famílias que dele fazem parte e da dimensão de seu escopo. Quanto maior for a representação de famílias, mais necessário fica definir a missão e a visão conjuntas, assim como papéis e responsabilidades dos envolvidos em relação ao funcionamento do escritório. Também é fundamental que os membros das famílias sejam educados quanto aos negócios administrados pelo escritório, e se garanta que todas as partes interessadas trabalhem bem juntas.

A Dinâmica dos Papéis na Governança Corporativa

Os papéis desempenhados no âmbito da família e no âmbito da empresa evoluem conforme surgem as demandas decorrentes do próprio processo de transformação e amadurecimento desses dois âmbitos. Na empresa, as pessoas podem desempenhar múltiplas funções (líder, conselheiro, presidente, vendedor) e ter diferentes *status* (membro familiar, proprietário, herdeiro, empregado). Da mesma forma, na família, os indivíduos assumem funções e papéis, tais como: pai, mãe, filho, provedor, cuidador, conselheiro, orientador, herdeiro, pioneiro etc.

Cada um desses indivíduos mantém determinado grau de vínculo com a família e com a empresa. O fato de exercerem múltiplos papéis e em diferentes condições, em boa parte, gera interesses conflitantes, o que constitui uma das principais fontes de problemas na governança corporativa das famílias e suas empresas. O fato de pertencer ou não à família interfere na forma de lidar com os papéis desempenhados. Todas essas nuances se misturam e são potencializadas pelo permanente confronto entre emoção e razão, fazendo com que o esforço pela definição de papéis e responsabilidades seja um grande desafio e um fator preponderante para o sucesso do negócio e a continuidade do controle familiar.

No estabelecimento gradual de uma estrutura de governança corporativa, como primeiro caminho, os proprietários e herdeiros, atuantes ou não na empresa, devem ser envolvidos significativamente, por meio do diálogo e da construção conjunta, apoiados por profissionais especializados. Um segundo caminho, complementar ao primeiro, compreende a elaboração, implantação e acompanhamento de um processo amplo e contínuo de capacitação e desenvolvimento dos membros da família para o desempenho dos papéis de governança corporativa.

Esse processo deve combinar formação acadêmica e especializada com ações voltadas para a troca de experiências com outras famílias e profissionais de mercado, assim como mecanismos institucionais de promoção da aprendizagem, como, por exemplo, criação de um conselho júnior, incubação de projetos empreendedores etc.

A seguir, reunimos alguns exemplos de papéis e responsabilidades típicos de integrantes de estruturas de governança em famílias proprietárias e empresas de família.

Membros do conselho de administração / gestão

- Garantir que haja uma estratégia viável de longo prazo.

- Garantir que os negócios sigam a direção estratégica estabelecida pelos acionistas e a articulada com o plano estratégico proposto pela diretoria.

- Garantir que o CEO seja o melhor líder para implementar a estratégia da empresa e monitorar a realização.

- Monitorar o respeito aos princípios éticos e aos preceitos legais.
- Analisar relatórios financeiros, alertar sobre riscos e recomendar ações preventivas e corretivas.
- Aprovar políticas financeiras e supervisionar auditorias independentes.

Conselheiros independentes

- Assistir a família na seleção, avaliação e orientação de membros das gerações sucessoras e de líderes não pertencentes à família.
- Garantir que as práticas contábeis sejam apropriadas e as demonstrações financeiras sejam verdadeiras e transparentes.
- Manter vigilância sobre as ações da empresa para garantir que os princípios éticos e as regras estatutárias sejam seguidos.

Membros do conselho de acionistas

- Supervisionar a atuação do conselho de administração e da gestão.
- Comunicar a direção estratégica para o conselho e estabelecer os níveis aceitáveis de risco, assim como determinar os objetivos financeiros quanto a receita, lucro e dividendos.
- Criar e clarificar as políticas relacionadas com a participação societária e o controle do negócio.
- Formalizar os termos para sucessão, por meio de acordos societários, e estabelecer os meios para transferência, liquidação e recompra de participação.

- Estabelecer a política que regulamenta a forma pela qual os membros da família podem atuar no negócio.
- Estabelecer as regras que permitem a um membro da família assumir a presidência da empresa.
- Estabelecer o código de conduta, o montante de investimento para desenvolvimento das gerações sucessoras e os gastos com ações de cunho social.
- Decidir sobre a criação do escritório da família e a forma como será administrado.

Membros do conselho de família

- Atuar para garantir que a família continue no controle do negócio.
- Preservar e, ao mesmo tempo, renovar a identidade e os valores da família.
- Promover o empreendedorismo e gerenciar capital humano, aplicações financeiras e ações sociais da família.
- Representar os interesses de seu ramo familiar, respeitando os princípios e regras vigentes de governança corporativa.
- Contribuir para o consenso da família e atuar como canal de comunicação da família com o conselho.
- Planejar e organizar reuniões periódicas e executar tarefas específicas, tais como o gerenciamento de outros ativos da família.

Sucessores

- Sustentar o legado recebido das gerações antecessoras e contribuir para a remodelação do negócio de forma a garantir sobrevivência, crescimento e continuidade do negócio sob o controle da família.
- Buscar informação e formação para o contínuo ajuste da empresa ao ambiente de negócios.

Sucedidos

- Liderar, apoiar e patrocinar o processo de transição para os sucessores.
- Preservar os valores e as práticas fundamentais que balizam as intenções e atitudes da família em relação aos negócios.
- Manter o negócio saudável e garantir liberdade para que os sucessores se orientem para o futuro.

A Questão da Liderança na Família Proprietária e na Empresa de Família

Ao contrário dos outros casos no mundo dos negócios, o líder da família proprietária deve atuar como um pequeno chefe de estado, como um líder-estadista.

Esse líder não tem mais o foco nas operações da empresa, cuja responsabilidade está sendo passada ou já passou para um membro competente da família ou um profissional externo. Ele tem plena consciência da sua responsabilidade pelas pessoas que estiveram ao dispor da sua família e deram suas substâncias para que a família tivesse a fortuna que tem na atualidade. Ao mesmo tempo, precisa ter preocupação efetiva com as pessoas que estão a serviço da empresa no presente, construindo a fortuna da família.

Esses líderes são conscientes de sua responsabilidade, externa e internamente, com relação ao meio ambiente e aos aspectos políticos e éticos dos negócios da família. Eles assumem o comando do clã empresarial no seu lado mais nobre, devido à sua identificação com o país, com seu povo. Honram o lugar onde seus ancestrais tiveram a oportunidade de construir a riqueza que a família detém, cuidando do equilíbrio entre crescimento e desenvolvimento, e também dos resultados econômicos e financeiros dos negócios da família, obtidos de forma consistente ao longo do tempo, sem ofender preceitos éticos.

Isso não quer dizer que fora do âmbito das empresas de família não existam líderes preocupados com o desenvolvimento e o crescimento em longo prazo. Porém, cada vez mais chama a atenção como foco no crescimento em curto prazo tem sido a tônica nas empresas de capital aberto, gerando ambientes altamente competitivos e desumanizados, com desvios éticos causados pela ânsia de atingir metas trimestrais, estabelecidas pelo voraz mercado de capitais ou por uma matriz localizada num país distante.

Por outro lado, também chama a atenção como as empresas de família que abriram seu capital, mantendo o controle acionário no grupo familiar, já com imagem de grupo empresarial ou de corporação, são os negócios que mais têm resultados acima da média consistentes ao longo do tempo. Geralmente o que caracteriza esses grupos familiares controladores é uma forte união da família e uma diretriz de investimentos dos acionistas no próprio negócio. Isso dá segurança a todos os *stakeholders* externos, incluindo acionistas não especuladores.

A presença de um líder com perfil de estadista, não como líder das operações do negócio, mas talvez como um presidente de conselho de administração ou um conselheiro representante dos acionistas majoritários (a própria família), faz muita diferença na definição da estratégia de investimentos e lucratividade em longo prazo, com reflexos nos mercados acionário e financeiro.

Em nossos casos de consultoria também temos visto muitas situações em que os membros da terceira geração de uma empresa de família, por mais competentes que sejam profissionalmente, não querem se envolver na gestão do patrimônio da família. Isso ocorre porque simplesmente não se sentem com talento, ou não estão identificados com os negócios, mas querem se manter próximos, participando dos conselhos de administração ou dos outros órgãos de governança da família.

Também é comum um patriarca em idade avançada que ainda controla o grupo com energia e dá direção ao clã familiar e aos negócios. Por vezes tem um filho competente, já na faixa dos 60 anos de idade, que não consegue assumir o comando. Ele não foi preparado, no devido tempo, para ser o sucessor de fato do patriarca. A questão agora é preparar, talvez, um dos netos na faixa dos 35 a 45 anos para o papel, considerando que nessas circunstâncias o neto terá de competir com os primos da mesma faixa etária e enfrentar a frustração do tio (ou do próprio pai) sexagenário.

Cabe ao líder estadista preparar e conduzir esses e outros processos delicados junto aos demais membros do clã familiar. O líder estadista não é visto como um mero sucessor do fundador, ou herdeiro de bens. É visto como um articulador da boa governança corporativa e como mediador no processo de transferência dos bens patrimoniais e valores espirituais de uma geração para outra.

Referências Bibiográficas

Brown Freda, Herz. Growing beyond: Governance and the economic family – Familiy Business Magazine. Autumn, 2009.

Burkhard, Daniel; Moggi Jair. *O Espírito Transformador.*

Curado, Fernando. *Governança Corporativa: conselho de administração eficaz para sociedades de capital fechado.* Saint Paul Editora.

Experiências de Governança Corporativa – Harvard Business Review; tradução Afonso Celso da Cunha Serra. Ed. Campus.

Kets de Vries, Manfred F. R. *A Empresa Familiar no Divã: uma perspectiva psicológica.* Bookman.

Van Houten, Coenraad. *A Formação de Adultos Como o Despertar da Vontade.* (Título em Alemão: ErwachsenenbuildungAlsWillenserweckung) Apostila Traduzida. Centro de Professores Waldorf. São Paulo.

Capítulo 4
As Fases de Desenvolvimento do Ser Humano e Suas Implicações no Desenvolvimento da Família e da Empresa

No livro *Assuma a Direção de Sua Carreira*, Daniel Burkhard e Jair Moggi nos alertam que a orientação sistematizada de nossa biografia e nossa carreira é certamente um dos instrumentos mais poderosos de que dispomos para tomarmos nas mãos o nosso destino. Biografia e carreira são dois aspectos fundamentais de nossa existência, assim como da vida das empresas de família.

A qualidade de nossas vidas depende da qualidade do nosso trabalho, das oportunidades para aprender, do grau de realização profissional e da satisfação pessoal que o trabalho e a vida em família e na sociedade nos oferece.

Da mesma forma, o sucesso e a continuidade das empresas de família dependem diretamente do desenvolvimento dos membros da família que estarão à sua frente, desempenhando funções e papéis críticos para seu crescimento e sobrevivência. O desenvolvimento dos membros da família e a prosperidade da empresa são intrinsecamente ligados e mutuamente dependentes.

O conteúdo deste capítulo baseia-se nos princípios e conceitos de desenvolvimento humano concebidos por-

Rudolf Steiner (1861-1925), filósofo austríaco, fundador da ciência espiritual, também denominada antroposofia. Também nos baseamos em observações de nossa experiência com a aplicação de abordagens biográficas em nossos trabalhos com famílias empresárias e empresas de família.

Cada biografia é exclusiva daquele que é seu autor. No entanto, podemos constatar em nossa experiência que a simbiose entre indivíduo, família e empresa se dá de tal forma que é possível verificar com certo grau de precisão os momentos e os fatores que influenciaram mutuamente o desenvolvimento nesses três universos. Todas essas nuances dão o colorido infinito ao que é o desenvolvimento dos indivíduos, da família e da empresa.

A Biografia Individual

Podemos depreender que o desenvolvimento humano se dá através de três dimensões principais que denominamos curvas. A curva do desenvolvimento biológico, onde verificamos um forte crescimento corporal dos 0 aos 21 anos, certo equilíbrio entre nossas forças vitais e de desgaste entre 21 e 42 anos e, a partir dos 42 anos, um declínio mais acentuado de nossa curva biológica. Paralelamente, ocorre a evolução do nosso cerne espiritual – a curva da nossa individualidade, do nosso eu. Todos nascemos com certo potencial espiritual que se manifesta por meio dos talentos naturais e da vocação e que irão se transformar nas habilidades necessárias para realizarmos nossas princiais aspirações de vida.

A terceira é a curva do desenvolvimento psicológico, anímico. A alma é o palco de todas as nossas vivências e lutas internas e sofre as influências do meio ambiente no qual fomos educados. O povo, o país, o clima, a língua, a família e a educação determinam fortemente o nosso colorido anímico. A curva do desenvolvimento anímico tem uma forte ascensão e acompanha, na primeira metade da vida, a evolução da curva biológica. No meio da vida vem a grande questão: para onde evolui a curva anímica?

1. Para o declínio, acompanhando a curva biológica?
2. Estabiliza?
3. É ascendente, acompanhando a curva espiritual?

As três opções são possíveis e dependem de como conduzimos nossa vida. As ecolhas que fazemos e nossas características exercem forte influência em tudo que nos cerca. Nossas intenções, aptidões e capacidades, assim como nossas limitações e dificuldades impactam o ambiente em que vivemos, principalmente, os grupos sociais dos quais fazemos parte e dentre eles a família e as organizações são os mais impactados, pois são os ambientes onde despendemos a maior parte do nosso tempo útil e é onde naturalmente buscamos palco para nossas aspirações e realizações na vida.

Na sequência deste capítulo buscamos proporcionar ao leitor a possibilidade de fazer conexões entre as fases de desenvovimento individual, em ciclos de sete anos (setênios) e o desenvolvimento da família da empresa de família.

1º Setênio (0 a 7 anos)

Alegria, prazer, amor, calor, fé e confiança são os ingredientes que formam um ambiente favorável ao desenvolvimento no 1º setênio. A vivência fundamental de que o mundo é bom faz a criança desenvolver-se de forma positiva até em nível orgânico e forma o extrato básico para o seu senso moral, para o resto da vida. O aprendizado neste estágio acontece por imitação. Dos exemplos que a criança tem para imitar, depende da sua evolução:

- Imitando, ela aprende a andar colocando a sua coluna vertebral em posição vertical, o que a diferencia dos animais.

- Somente com a coluna vertebral ereta ela começa a falar, imitando as palavras e as sentenças que capta dos outros; a maneira de falar e de formar sentenças determina o processo pensante da criança.
- Pela maneira de pensar, a criança dá forma à sua função cerebral, inclusive em nível orgânico.

O 1º Setênio no Contexto da Família e da Empresa

Neste setênio as características particulares da família e da empresa não são determinantes no desenvolvimento das crianças, embora a observação mais atenta permita identificar alguma influência. Em nossos trabalhos da Adigo, não raro ouvimos relatos de membros das gerações mais novas sobre brincadeiras que faziam na fábrica da família que, em alguns casos, funcionava no terreno da casa.

Muitos mencionam a participação em pequenas tarefas, no escritório ou na loja, que estimularam o aprendizado e o contato com pessoas da empresa e, de alguma forma, acabaram influenciando suas vidas. Pode-se dizer, com certo exagero, que a criança nascida em uma família proprietária também é alfabetizada ouvindo a língua dos negócios. Os comportamentos que observa, tanto em casa quanto na empresa, serão imitados e farão parte de seu aprendizado nessa fase da vida.

2º Setênio (7 a 14 anos)

Assim como na etapa anterior, podemos constatar no segundo setênio alguns valores fundamentais para o desenvolvimento favorável da criança: fantasia, beleza, arte, veneração e autoridade. Nesta fase formamos o nosso mundo interior e, dependendo dos valores vivenciados, nossa morada interior pode ser bem arrumada, de bom gosto e harmonia, ou desleixada, desarrumada e caótica. A vivência fundamental de que o mundo é belo forma a base do nosso senso estético para o resto da vida.

Também é nesta etapa que, em grande parte influenciados pelo ambiente que vivemos, fixamos nossos hábitos, normas e costumes que são difíceis de mudar mais tarde. O aprendizado acontece pela identificação com uma autoridade amada. A autoridade pelo exemplo é o promotor fundamental para uma boa formação. A criança deve saber com clareza o que pode fazer, o que não pode e quais são os limites. A clareza promoverá segurança na tomada de decisões na vida adulta.

O cuidado com o ritmo tem valor inestimável. Hora para dormir, para comer, estudar, brincar. Outra periodicidade também é essencial: o ritmo para fora e para dentro. Inspirar está relacionado com introversão, expirar, com extroversão. Uma educação autoritária nos faz inspirar demais, a ponto de nos sentirmos constantemente com o ar preso dentro de nós. Não conseguimos extravasar, não conseguimos expirar.

O 2º Setênio no Contexto da Família e da Empresa

A partir desse ciclo o contexto empresarial da família começa a exercer maior influência no desenvolvimento da criança, dependendo do nível de interação permitido com o ambiente da empresa. Neste setênio a criança, ou pré-adolescente, capta a vida através do sentir. Tudo é percebido por meio de sentimentos e emoções que formam impressões e imagens que, por sua vez, influenciarão inconscientemente a forma como será enfrentada a vida.

A vivência de um ambiente saudável na empresa e na família e o contato com lideranças inspiradoras, do ponto de vista da competência e da ética, e que tenham verdadeiro interesse no desenvolvimento dos mais jovens, favorecerem a ligação com a empresa e o impulso de desenvolvimento dos pré-adolescentes pertencentes a família.

Em contrapartida, em algumas famílias proprietárias os jovens acabam assistindo a conflitos e disputas entre parentes, e se sentem de alguma forma envolvidos, sem que ainda tenham maturidade para lidar com situações dessa natureza. Muitas vezes, essas vivências deixam impressões que podem vir a determinar no futuro a escolha de uma profissão que nada tenha a ver com o negócio da família, ou gerar forte receio e insegurança em suceder os pais na condução dos negócios.

3º Setênio (14 a 21 anos)

As três faculdades da alma humana – pensar, sentir e querer – parecem ser discordantes entre si nessa etapa da vida. Além disso, em cada indivíduo se acentua uma das faculdades: um adolescente pode se perder em pensamentos filosóficos, isolando-se do resto do mundo, outro pode se deixar carregar nas ondas de um sentimentalismo saudoso (de paz e amor) e um terceiro pode cair na vontade excessiva que muitas vezes descamba para a agressividade (como rachas com veículos e outras formas de violência).

De um lado nasce na alma do jovem a imagem ideal do ser humano. De outro, essa mesma alma é invadida pelos instintos e impulsos, e se torna palco de grandes confrontos. Neste setênios, aderimos aos mais variados ismos – budismo, materialismo, espiritismo e outros –, na busca de uma primeira resposta para as questões que nos atormentam.

Mais perto do fim do setênio, o jovem consegue, pela primeira vez, formar pensamentos autônomos, próprios, independentemente de conceitos ou experiências emprestados do mundo externo. Começa então a formular perguntas como estas:

- Quem sou eu?
- O que vim fazer neste mundo?
- O que quero ser na vida?

No final da adolescência, começamos a ter dúvidas sobre quais pensamentos são nossos e quais vêm de nossos pais. Sentimos necessidade crescente de nos distanciarmos dos pais e acharmos a nossa própria identidade. A consequência é que faremos tudo aquilo que se confronta com os valores dos genitores, mais como reação do que por uma escolha consciente. Todos esses fenômenos são expressões de nossa crise de identidade, da busca de nossa própria essência. Como nos setênios anteriores, podemos identificar alguns valores fundamentais para o desenvolvimento favorável do jovem, que são: liberdade, responsabilidade, lógica, ideais e verdade.

A questão da liberdade com responsabilidade é de fundamental importância. O adolescente quer assumir e determinar suas próprias ações. A única forma viável de dar para a responsabilidade o mesmo peso dado à liberdade é o diálogo amigável.

O 3º Setênio na Vida Profissional

Parece precoce falar sobre carreira a esta altura. Mas quem quer entrar logo na faculdade precisa definir em que grande área do conhecimento irá atuar futuramente. Muitos adolescentes não acham a resposta e uma mudança de rumo no meio do caminho, numa época em que as profissões se diversificam cada vez mais, torna-se um fato bastante natural.

Nesta etapa já despontam alguns talentos típicos de liderança:

- organizar uma partida de futebol;
- organizar uma festa para os amigos;

- candidatar-se para a diretoria do grêmio e exercer a função durante algum tempo;
- participar de um movimento político.

Nos grupos, o futuro líder já procura impor os próprios pontos de vista pelo tom da voz. Quanto mais alto fala, mais convincente parece. Como outros também têm seus pontos de vista, o resultado geralmente é que todos falam alto e ao mesmo tempo.

O 3º Setênio no Contexto da Família e da Empresa

Na maioria das famílias donas de empresa, os jovens passam por um momento especial nessa fase. Por um lado, a busca da própria identidade os leva a questionar tudo que vem do mundo externo, principalmente dos pais, ou tudo que vier pronto, ou determinado pela autoridade e a hierarquia. De outro, eles precisam lidar com a necessidade de escolha da profissão, sem ter clareza de sua vocação nem segurança sobre seus talentos. A empresa da família, em alguns momentos, lhes parece o caminho mais fácil e seguro e, em outros, é vista como a armadilha que pode aprisioná-los e apartá-los da livre escolha.

Neste setênio, já se tem alguma maturidade para observar o mundo em vários de seus aspectos e fazer julgamentos próprios. A empresa e a família são os ambientes em que o adolescente tem a oportunidade de exercitar seu senso crítico – o que muitas vezes os leva a rejeitar a trajetória da geração anterior e a não querer repetir a mesma história.

Na Adigo somos chamados, com certa frequência, para ajudar na resolução de conflitos entre gerações quando pais empresários ficam frustrados e inseguros com a resistência de seus filhos em seguir suas orientações em relação ao futuro profissional. Muitas vezes, a harmonia familiar é afetada por não haver um diálogo amigável entre pioneiros e seus herdeiros nesse delicado momento dos mais jovens.

Em muitas famílias, os herdeiros se identificam com o ambiente empresarial e possuem aptidões para desempenhar papéis relevantes na condução dos negócios. Porém, em outras, os herdeiros não demonstram vocação, ou se orientam naturalmente para outro tipo de vida profissional. A forma como a família lida com esse tipo de situação é muito importante na vida profissional e anímica do futuro adulto. Quanto mais liberdade, apoio e diálogo houver nesse momento, maior será a motivação e a responsabilidade em relação ao seu futuro profissional.

4º Setênio (21 a 28 anos)

Nesta fase entramos no mundo dos adultos e temos de atuar junto a eles. Talvez tenhamos um grande arsenal de conhecimentos teóricos adquiridos na faculdade, mas não temos experiência sobre sua aplicação prática. A falta de experiência, associada muitas vezes à falta de estabilidade emocional, gera a insegurança interna que, por sua vez, gera dependência da opinião dos outros.

Muitas vezes procuramos encobrir essa insegurança com comportamentos agressivos e cheios de arrogância. É uma etapa de grande experimentação e autoafirmação. Damos trombadas (em nível social e psicológico), caímos, levantamos, e continuamos andando pela vida afora, aprendendo e corrigindo nossa atuação.

Estabelecemos grandes metas de vida e assumimos papéis de forma impulsiva. Muitos se casam, têm filhos, e assumem responsabilidades familiares e profissionais. Estamos na busca de nosso lugar no mundo e precisamos ser reconhecidos como bons em algo. A competitividade é uma atitude natural, pois ainda somos razoavelmente imaturos e tendemos a ver qualquer reação contrária como ameaça.

Com nossos dons e talentos naturais, acabamos por ter sucesso em muitas dessas empreitadas, porém nossa impulsividade nos leva, às vezes, a almejar aquilo que ainda não temos capacidade para realizar. Esses insucessos, no entanto, serão de grande valia para o aprendizado de novas habilidades.

O 4º Setênio na Vida Profissional

Nesta fase da vida se encontram os *trainees*, em boa parte das organizações. Um bom programa para esse público deve contemplar algumas etapas:

1. Assumir uma primeira função com responsabilidade. O jovem tem de se tornar competente em alguma especialidade. Isso contribui para a sua segurança interior. Um bom programa de *trainees* é o melhor investimento em futuros líderes.
2. Conhecer a organização – as várias áreas, o processo produtivo, os produtos e seus mercados, os principais sistemas, as principais políticas.
3. Vivenciar o trabalho em várias áreas da empresa para sentir o que atrai mais e o que atrai menos.
4. Atuar em uma área, atendendo à sequência: conhecer, vivenciar, atuar, orientado regularmente por um bom "padrinho".
5. Acompanhar a performance é fundamental para direcionar o aprendizado.

Nesta faixa etária, queremos ter as coisas e as pessoas sob controle para alcançar eficiência e para evitar surpresas. Temos forte tendência à autocracia. Não gostamos de receber *feedback*, pois isso corrói a nossa segurança interior. Muitas vezes o ataque é a melhor defesa. Temos pouca disposição para a autocrítica. Nas reuniões, gostamos de ter papel de destaque. Temos dificuldade para aceitar pontos de vista divergentes dos nossos e também para ouvir os outros. Sacrificar uma ideia pode significar o sacrifício da segurança interior. Tendemos a ser egocêntricos neste setênio.

Na empresa, trabalhamos bem no nível de normas, procedimentos e metas de curto e médio prazo. Temos visão apenas de nossa própria área de responsabilidade.

28 anos — A Crise dos Talentos

O vigésimo oitavo ano pode ser um marco importante para muitas pessoas, que passam por uma crise interior. É a crise dos talentos. Até esta idade conseguimos fazer tudo de uma maneira bastante espontânea, porém, nessa idade, as coisas parecem emperrar. Muitos jovens talentos – cantores, compositores, músicos, poetas – desaparecem no anonimato após a passagem pelos 28 anos e não poucos entram em crise de depressão.

O 4º Setênio no Contexto da Família e da Empresa

Ao chegar nesse momento, o jovem adulto inevitavelmente se vê envolvido, de forma sistematizada ou não, em algum movimento de sucessão nos negócios da família, pois se instala um processo natural e gradativo de afastamento do dia a dia dos negócios por parte da geração anterior – de forma planejada, ou por questões de saúde.

Muitos jovens herdeiros recém-formados ingressam nas empresas por meio de programas bem elaborados, que os ajudam a colocar em prática os conhecimentos teóricos trazidos da universidade e aplicar seus dons e talentos em diversas áreas e situações.

Também observamos o ingresso de herdeiros de forma desorganizada, sem o devido preparo, tanto da pessoa quanto da empresa. Em algumas situações, já entram assumindo posições de liderança por influência dos pais, com poucas chances de sucesso. O resultado é a frustração, com consequências para seu desenvolvimento profissional. Por vezes, são expostos ao inevitável choque de gerações no ambiente empresarial.

Outros são estimulados, de forma orientada e estruturada, a trilhar o início da carreira em empresas do mercado, nas quais têm oportunidade de competir em igualdade com outros jovens talentosos e conquistar suas metas profissionais, sem a influência do sobrenome. Muitos, nesse caso, acabam seguindo a carreira fora da empresa da família. A maioria retorna, com maior maturidade e qualificação, trazendo novas capacidades e diferenciais para os negócios da família.

Em muitos casos, são estimulados a desenvolver seus potenciais mediante programas consistentes, realizados dentro e fora dos negócios da família. São tratados de maneira mais ampla e estratégica, como futuros empreendedores e acionistas.

5º Setênio (28 a 35 anos)

Ao sair da crise dos 28 anos, sentimos interiormente uma consolidação. O nosso eu começa a se firmar. As emoções em nossa alma já não conseguem nos arrastar tão facilmente para atos impensados. Parece que estamos conseguindo pegar as rédeas do cavalo selvagem em nossas mãos, de modo a não cairmos mais da sela por qualquer coisa.

A razão começa a dominar os impulsos e agora, antes de tomar uma decisão, podemos dar uma parada e ponderar. A ponderação é a nova faculdade que adquirimos nesta fase – antes de tomar alguma decisão nos perguntamos: É justo? É correto? É digno?

A biografia externa é voltada principalmente com questões quantitativas. A biografia interna é a biografia do ser e preocupa-se com questões mais qualitativas e, principalmente, espirituais ("O que cada situação pode me ensinar? Qual é a qualidade das minhas relações? Por que eu costumo reagir de uma determinada maneira?").

Buscar o sentido mais profundo de uma experiência tem a ver com a biografia interna ou, em outras palavras, com o caminho do autodesenvolvimento consciente. Somente esse caminho, em equilíbrio com o caminho externo, traz frutos valiosos para o mundo.

O 5º Setênio na Vida Profissional

Muitas pessoas, nesta fase da vida, já têm funções de liderança, com responsabilidades pelos subordinados. Com a conquista de maior segurança interior e da faculdade da ponderação, já podemos começar a pensar em delegar algumas responsabilidades para os liderados. Vivemos num constante dilema entre delegar responsabilidades reais ou apenas tarefas, mantendo o controle para nós mesmos.

A segurança interior provém do conhecimento técnico, profissional. Como líderes, temos de entender mais de nossa especialidade do que qualquer subordinado. Com as equipes ou em reuniões, geralmente temos as soluções já elaboradas ou até as decisões já tomadas. Dessa forma, as reuniões com os liderados tornam-se pouco participativas e têm mais o caráter informativo. Temos forte tendência de querer impor nossos pontos de vista.

Na empresa, nos realizamos profissionalmente com atividades de planejamento e organização. Temos de tomar certos cuidados com o exercício da autoridade hierárquica, pois o poder, nesta etapa, exerce forte atração sobre todos nós.

O 5º Setênio no Contexto da Família e da Empresa

Nesta fase, precisamos vivenciar a conquista de nosso lugar no mundo. A conotação do termo lugar aqui compreende aspectos da vida material e também da vida imaterial.

Nas famílias donas de empresa é o momento em que a nova geração começa a conquistar seus próprios espaços e assume papéis de destaque na condução dos interesses comuns.

Tendo alcançado a maturidade, os sucessores tornam-se capazes de rever as metas assumidas impulsivamente, assim como repactuar papéis e responsabilidades, por meio do diálogo com as gerações antecessoras.

Muitos assumem papéis no primeiro escalão das empresas da família e começam a atuar em órgãos superiores de governança corporativa, tais como conselhos e comitês. Outros conquistam seus lugares e se realizam profissionalmente fora, assumindo papéis em outras organizações, ou fazendo sucesso como profissionais liberais, artistas etc. Por outro lado, essa fase pode trazer grandes dificuldades para a família proprietária, caso o processo sucessório não tenha sido adequadamente planejado, tanto no caso de haver herdeiros sucessores em condições e desejosos de assumir papéis de destaque, ou na situação inversa. No primeiro caso, poderá haver frustração e conflitos entre gerações se não houver espaço a ser conquistado pela nova geração, pelo fato de a geração anterior não estar preparada para concedê-lo, ou se apregar aos papéis que exercem.

Na situação oposta, a empresa pode ser colocada em risco, caso seu comando seja passado para um sucessor despreparado ou que não tenha interesse genuíno para assumir uma posição importante, com todas as consequências que ela implica. Esse momento pode trazer dificuldades também, caso o impulso e a necessidade de ter poder, status, patrimônio pessoal, além de outros bens tangíveis e intangíveis não sejam razoavelmente satisfeitos, ou as metas não sejam revistas de forma madura diante das limitações.

Alguns herdeiros e sucessores acabam tomando caminhos equivocados na tentativa obstinada de se provar pela realização de metas inviáveis, desperdiçando talento e reputação, e colocando em risco o patrimônio moral e financeiro da família que esteja posto aos seus cuidados.

6º Setênio (35 a 42 anos)

Entramos agora no estágio em que os fatores externos começam a se consolidar. Já achamos o nosso lugar no mundo e temos condições de assumir grandes responsabilidades. A família está constituída e os frutos de nossos esforços começam a aparecer.

Internamente, nossa individualidade consolidou-se e temos condições de agir consciente e independentemente com base na observação, ponderação e seleção. Sentimos que nossa segurança interior aumentou. Estamos ainda em pleno vigor de nossas forças físicas e dispostos a assumir riscos maiores de uma forma consciente.

Enxergando alguma situação complexa, temos condições de traduzi-la em seus conceitos básicos, tornando-a transparente e simples. Essa habilidade conceitual traz consigo um ensinamento: temos condições de observar a nós mesmos de uma maneira mais objetiva. Parece que temos, pela primeira vez na vida, a capacidade de sair um pouco de nós mesmos para poder observar a própria atuação, as nossas reações e comportamentos, e a maneira como os outros reagem a eles.

Essa objetividade a respeito de nós mesmos e em relação aos outros faz com que enxerguemos nossos limites. Todos temos limitações. No setênio de 21 a 28 anos vivemos na ilusão de que o céu é o limite. A vida estava pela frente e tudo era possível. Agora começamos a perceber que nós somos o limite e não será possível realizar tudo o que havíamos sonhado. Efetivamente, quando chegamos perto dos 40 anos, começamos pela primeira vez a fazer uma espécie de contagem regressiva: "Quantos anos será que ainda me restam?". Essas ideias fazem com que, do nosso interior, comecem a surgir questões como:

- Quem sou eu realmente?
- O que estou fazendo nesta vida?

- Que sentido ela tem?
- É isso mesmo o que eu esperava da vida?
- Minha atuação é coerente com os meus valores?

Todas essas questões, que para muitas pessoas começam a surgir no fim deste setênio, em torno dos 42 anos, nos levam à nossa crise existencial mais marcante: a crise da autenticidade. Questionamos os papéis que desempenhamos, as expectativas dos outros, aquelas que atendemos para sermos bem vistos e aceitos. O casamento começa a ser reavaliado, assim como as constantes obrigações a que atendemos.

Gradativamente começamos a desmantelar a estrutura psíquica que construímos ao longo dos anos, em busca de algo novo, mais verdadeiro, mais autêntico, que deverá criar condições para sermos mais felizes e vivermos mais de acordo com a nossa essência. Muitas pessoas descrevem essas experiências como passar por um túnel escuro.

Trabalhamos intensamente e a produtividade é elevada. Porém a discrepância entre a capacidade física descendente e o esforço que procuramos manter cresce de ano para ano e pode nos levar à ruptura, quando alguns se defrontam repentinamente com um infarto, uma úlcera gástrica ou uma estafa total que os faz reavaliar toda a sua vida.

Muitas pessoas procuram mudar a situação externa, procurando mais uma vez um novo empreendimento, um novo relacionamento ou até uma nova profissão. Essas mudanças têm um efeito rejuvenescedor e podem trazer muitas respostas para as nossas questões internas. Outros continuam no mesmo lugar, mas tentam fazer as coisas de uma maneira diferente.

O 6º Setênio na Vida Profissional

Nesse período descobrimos que as pessoas próximas são de extrema importância para nossa vida e carreira profissional, que não levá-las em conta não é correto, estrategicamente. Começamos, então, a delegar reais responsabilidades e procuramos estimular a autoconfiança de nossos comandados.

Esta é a fase da vida profissional em que se desenvolve, a partir do confronto com as questões interiores e da autocrítica madura, as chamadas habilidades sociais. A capacidade de nos questionar e reconhecer, de forma madura, nossos próprios talentos e limitações, possibilita a evolução do patamar de gestor de coisas ou de processos para gestor de talentos humanos.

Nesta etapa, fica evidente e visível para todos se uma determinada pessoa, a partir do meio da vida, trilhou um caminho de autoeducação e autodesenvolvimento, no qual cada experiência serviu como oportunidade para aprender conscientemente, ou se enveredou pelo caminho mais fácil da biografia externa, justificando os próprios erros com os erros dos outros, tornando-se um tirano frustrado, com o declínio das forças vitais que não mais permite competir no mesmo nível com os mais jovens.

O 6º setênio no contexto da família e da empresa

É nesta fase que na família proprietária começamos a nos sentir mais capacitados a contribuir para o desenvolvimento da família e da empresa. Nessa etapa temos uma rica vida interior, proporcionada pelas inevitáveis questões internas que brotam em nós, assim como já possuímos muitas habilidades que nos tornam bem-sucedidos na maioria dos papéis que exercemos.

À medida que nos questionamos maduramente e encontramos nossas respostas de forma autêntica, reforçamos valores de vida e desenvolvemos habilidades de liderança que nos capacitam a assumir papéis protagonistas na regência das relações no âmbito da empresa e da família. Por outro lado, se não aproveitamos as oportunidades de autodesenvolvimento que a vida nos proporciona, nos expondo a crises e desafios, ficamos presos a comportamentos e procedimentos compatíveis com as fases anteriores, não condizentes com o que nos passa a ser requerido nesta nova etapa, tanto no ambiente da família quanto no da empresa. Esse fato pode nos levar a ser fonte de problemas, quando deveríamos, ao contrário, ser parte da solução.

7º Setênio (42 a 49 anos)

Todos conhecemos a frase "A vida começa aos 40 anos!" Há algo de verdadeiro nisso, pois entramos novamente numa fase de experimentação. Aprendemos a dizer "não" a muitas das expectativas de outras pessoas quando elas estão em desacordo com a nossa própria vontade. Podemos até parecer egoístas para os outros, mas o que estamos tentando fazer é viver de acordo com as nossas próprias convicções. Tentamos ser autênticos.

Outro fenômeno importante pode ser expresso na seguinte imagem: há anos que venho subindo uma montanha. No passado, ao pé da montanha, a mata era densa, havia riachos para atravessar e a visão era pouca, pois havia tantas árvores que não se enxergava a floresta. Agora chego perto do topo, a mata ficou para trás e começo a ter uma visão panorâmica. Chego ao topo e consigo ter uma visão global de toda a paisagem, vejo como aqueles riachos que um dia atravessei confluem para um rio que corre em meandros em direção ao mar. Os detalhes já não são tão importantes, eu posso ver o todo e a inter-relação entre os vários fenômenos.

Enxergo fatos distantes entre si e consigo relacioná-los, formando uma visão global e descobrindo verdades maiores. Essa reflexão demonstra que a pessoa conquistou o dom da visão global ou holística, que é o fruto da etapa imaginativa.

O 7º Setênio na Vida Profissional

Desenvolvemos a capacidade de administrar outras pessoas, estimulando-as para crescer e aproveitando o que há de melhor em cada um. O desenvolvimento dos subordinados começa a ser uma preocupação real.
Erros dos subordinados são encarados como um investimento no processo de aprendizado. Procuramos ser transparentes e conquistamos a confiança dos subordinados.
Nos atentamos ao essencial e buscamos orientar nesse sentido. Estamos mais aptos a receber o *feedback* negativo sem usar mecanismos de defesa e enxergamos a organização dentro do contexto mais amplo com suas tendências, ameaças e oportunidades, sabendo como se antecipar as situações e desafios futuros.

O 7º Setênio no Contexto da Família e da Empresa

Neste setênio, tanto no âmbito da empresa como da família, podemos observar que somos levados a desenvolver habilidades conceituais e estratégicas que direcionam nosso foco de atenção para o desenvolvimento de nossos sucessores e para os objetivos de longo prazo da família e da empresa.
Surge o ímpeto de pensar em nossas próprias vidas, construindo nossa própria visão de futuro e tornando mais conscientes nossos propósitos e valores de vida. Esse fenômeno nos habilita a liderar o diálogo interno da família, trazendo maior consciência e visão holística para a definição

das diretrizes quanto ao futuro, à missão da família e das empresas controladas por ela.

No entanto, caso não tenhamos clareza sobre o direcionamento de nossa própria vida, podemos nos sentir inseguros, o que pode nos levar a reviver a fase dos 21 a 28 anos, quando precisávamos de autoafirmação. Esse fenômeno, numa família proprietária e numa empresa de família, pode se tornar fonte de confrontos e competição entre gerações, pelo fato de a geração mais antiga não migrar para papéis mais elevados de governança corporativa e de orientação do processo sucessório, limitando o espaço para a chegada dos mais novos.

8° Setênio (49 a 56 anos)

O próprio nome dá uma indicação sobre as habilidades a serem desenvolvidas neste estágio. No processo de gradativa excarnação que ocorre a partir dos 42 anos, no setênio de 49 a 56 anos o eu começa a afrouxar sua ligação com o sistema rítmico (coração e pulmão). Isso tem dois efeitos importantes.

O primeiro é que o eu e as forças inerentes a ele, que agora se emancipam parcialmente do corpo físico, se incumbem agora de nos ajudar a desenvolver a faculdade inspirativa. A faculdade inspirativa pode ser traduzida pela metamorfose do ouvir e sentir num nível mais elevado.

Ela nos capacita a ler uma mensagem ou escutar uma pessoa e "ouvir" o que existe entre as linhas ou as palavras. As pessoas nos transmitem seus anseios, medos e desejos sem terem consciência disso. Mas nossa capacidade inspirativa permite essa leitura. Colocando a pergunta adequada no momento certo, podemos ajudar uma pessoa muito mais do que com mil argumentos. A nossa voz interna começa a falar mais alto.

O outro fenômeno do processo de emancipação dessas forças do sistema rítmico é o seu enfraquecimento. Devemos começar a tomar certos cuidados para evitar uma sobrecarga desses órgãos, que pode provocar, por exemplo, um infarto, doença típica deste setênio. Um maior cuidado com nossos ritmos se faz necessário – ritmo para dormir, para comer, entre trabalho e lazer, entre outros. O ritmo é o próprio segredo da vida. Ritmo substitui a força. Cultivar o ritmo pode nos propiciar uma vitalidade muito grande nesta fase.

Nosso senso estético, adquirido no segundo setênio (7 a 14 anos), que nos fez vivenciar que o mundo é belo, pode se transformar agora em ética. E a voz interior, que se faz ouvir com mais força do que nos setênios anteriores, questiona os fenômenos, pensamentos, sentimentos e ações sobre a sua ética.

O 8º Setênio na Vida Profissional

Neste período a pessoa passa a enxergar um problema dos mais variados pontos de vista. Tem alto nível de autopercepção e julgamento maduro nas várias situações de trabalho. Aceita que muitos caminhos podem levar a Roma e deixa os subordinados acharem sua forma e seu caminho para chegarem lá. Tem plena consciência de que o sucesso futuro reside no talento das pessoas.

Prepara as pessoas, de forma planejada, para desafios futuros e sente prazer em desenvolver jovens talentos. Com a equipe, trabalha cada vez mais com perguntas no lugar de afirmações. Entende que os mais jovens têm de fazer as suas próprias experiências e exercer o direito de errar. Visualiza os pontos estratégicos, amarra os pontos de checagem e deixa bastante espaço para propiciar desafios e autorrealização para os subordinados. Na organização, administra o potencial estratégico, garantindo assim o sucesso no futuro, cuidando dos talentos.

Agora uma nova transição se inicia além da confrontação com a redução de nossas forças vitais e com as questões existenciais que brotam em nossa alma. É chegado o momento em que novas escolhas serão feitas inevitavelmente em todos os campos da vida, mas principalmente em relação aos papéis profissionais.

A capacidade de escuta mais elevada pemite que se tenha uma maior sensibilidade e percepção sobre o que o "mundo cobra de nós", o que possibilita maior senso de missão, a partir de uma percepção mais ampla, possibitando a revisão de conceitos, papéis e metas. O conceito de "mundo", nesse contexto, compreende os diversos contextos da vida, ou seja: empresa, família, sociedade, o planeta etc.

No sentido oposto, principalmente para os homens, a redução das forças vitais pode limitar a capacidade de escuta, podendo gerar insegurança e apego aos papéis desempenhados e aos símbolos externos de poder, além de levar a um processo de competição com os mais jovens.

O 8º Setênio no Contexto da Família e da Empresa

Esta é a fase da vida em que, por meio do processo de autodesenvolvimento, nos tornamos aptos a atuar como conselheiros de forma plena. Nas empresas de família, essa capacidade é fundamental para que ela sobreviva a gerações.

A capacidade de escuta diferenciada e a percepção de situações por diversos pontos de vista, assim como o saber fazer perguntas e levar os mais jovens a encontrar as próprias respostas são habilidades preciosas para atuação nas diversas instâncias da governança corporativa, principalmente no papel de conselheiro.

Começamos a ser procurados pelos membros da nova geração que reconhecem em nós a bagagem, as habilidades e a autoridade para orientá-los em suas questões profissionais.

Nossa principal missão passa a ser administrar a riqueza da família, cujo patrimônio mais importante é o capital humano, representado pelo potencial em termos de dons e talentos naturais existentes nas novas gerações.

O principal papel passa a ser o desenvolvimento dos sucessores e dos membros das novas gerações, através do apoio, orientação, aconselhamento e da sabedoria, sensibilidade e da transmissão de valores, sendo exemplo daquilo que aconselha.

No entanto, alguns empresários não conseguem vislumbrar um novo futuro profissional e fazer a necessária mudança de papel, onde possa utilizar a sabedoria acumulada e as capacidades desenvolvidas ao longo da vida para atender a uma nova missão. Esse quadro ainda pode ser agravado por questões de saúde e pode levar à tentação de reviver o passado, mas agora sem a energia vital de antes e sem que isso faça verdadeiro sentido para sua vida.

Muitos homens de negócios acabam ficando presos a esse tipo de "feitiço do tempo" estagnando seu processo de evolução individual e, por consequência, limitando o desenvolvimento de seus sucessores e da empresa, em última instância.

9º Setênio (56 a 63 anos)

Uma observação que chama bastante a atenção é que boa parte das grandes obras da humanidade foi criada por pessoas acima dos 60 anos – poderíamos mencionar grandes estadistas, compositores, escritores, cientistas, pintores e outros.

Conforme vamos envelhecendo no nível fisiológico, obedecendo às leis da natureza, as forças do eu vão se emancipando do corpo, ficando livres para criar. É claro que isso não acontece automaticamente, é sempre fruto de uma vida de trabalho árduo. Chegando perto dos 60 anos, os sentidos, que são as nossas janelas para o mundo, começam a se fechar lentamente. Para muitos, é nesse momento que surge a necessidade de usar óculos para ler. A capacidade auditiva começa a diminuir. O paladar começa a ficar menos aguçado, de modo que a comida perde um pouco a sua atratividade ("falta sal ou tempero").

Os fenômenos do mundo externo já não causam mais um impacto tão grande sobre nós. Isso nos dá a possibilidade de ter mais percepções interiores, nas quais, em primeiro lugar, nos confrontamos com as dificuldades que um ou outro órgão nos possa causar (coração, fígado, rins, pulmão e outros, que já não funcionam a contento).

Teremos então a vivência de que nossa biografia não é uma sequência de causa e efeito, mas sim um organismo temporal, em que cada fato e cada experiência por que passamos têm a ver intensamente conosco, com a nossa identidade espiritual. Percebemos que nada aconteceu ao acaso, que tudo foi provocado por nós mesmos, para aprendermos. Podemos concluir, talvez, como fez um de nossos clientes: "A minha biografia é a minha filosofia de vida!"

O 9º Setênio na Vida Profissional

Neste período é natural que a pessoa seja capaz de desenvolver visões do futuro, inspirando liderados e pares durante o trabalho. Ela dá as grandes diretrizes e deixa os outros planejarem e organizarem. É, também, exemplo de conduta ética e moral. Na equipe fala pouco, ouve muito e deixa as pessoas acharem as soluções, estimuladas por perguntas. Uma frase que expressa pode deixar os outros pensando durante muito tempo. Administra o potencial espiritual da organização, por meio da sua missão, seus valores e tem respostas para necessidades futuras reais, enxergando as megatendências.

O 9º Setênio no Contexto da Família e da Empresa

Nessa etapa da vida, dedicamos a maior parte de nossa atenção à preservação do legado para as gerações subsequentes, assim como na criação de condições para que as futuras gerações sejam tão ou mais bem-sucedidas que a nossa, garantindo a continuidade da riqueza da família em todos os seus aspectos: moral, humano, financeiro etc.

Se não tivermos aproveitado as oportunidades de aprendizado que a vida nos proporcionou, desenvolveremos apego ao passado, ou nos sentiremos tentados a reviver nossa história, desperdiçando toda a energia criativa e a capacidade realizadora resultante das experiências vividas, e ocupando o espaço que deveria ser deixado para as gerações subsequentes.

Se, por outro lado, realizamos nosso processo de transformação interior, estaremos aptos a cumprir nossa missão nessa fase que, para muitos, é a mais criativa de todas e, para alguns, o momento de realização de suas obras-primas, deixando um importante legado moral, intelectual e institucional para muitas gerações.

Após o 9º Setênio (63 anos...)

Pedimos licença aos leitores para interromper a descrição desse apaixonante tema no 9º setênio. Com o desenvolvimento da ciência médica, nossa vida útil e produtiva se estende cada vez mais e já não causa espanto verificarmos pessoas acima dos setenta, atuando com toda energia à frente dos negócios da família.

Contudo, os estudos biográficos identificam que as leis que atuam no desenvolvimento humano, a partir do 10º setênio, ganham um novo sentido, somos liberados pelas forças do destino e a orientação de nossas vidas já não é tão marcada pelo desenvovimento das curvas anímicas e física, como nos setênios anteriores, e passamos a ser mais orientados para questões e fenômenos de natureza espiritual. Caso o leitor deseje continuar nessa caminhada, sugerimos a leitura do livro *A Vida não Termina aos Sessenta... Livres na Terceira Idade!* escrito pela Dra. Gudrun Burkahard, Editora Antroposófica.

Referências bibliográficas:

Burkhard, Daniel; Moggi, Jair. *Assuma a Direção de Sua Carreira.* Negócio Editora.
Burkhard, Gudrun. *Tomar a Vida nas Próprias Mãos.* Editora Antroposófica.
Lievegoed, Bernard. *As Fases da Vida. Crises e Desenvolvimento da Individualidade.* Editora Antroposófica.

Capítulo 5
Conflitos Familiares e Empresariais

A empresa de família é um terreno fértil para conflitos porque ela superpõe, por um lado, formas e princípios lógicos da vida econômica e, por outro, os mecanismos sutis e emocionais inerentes ao relacionamento familiar. Poderíamos até nos arriscar a afirmar que os conflitos fazem parte da própria dinâmica de evolução dos sistemas familiar e empresarial familiar.

Pode-se até dizer que as empresas controladas por famílias não seguem tipicamente um processo linear de evolução gradual de um estágio para outro. Ao contrário, a mudança ocorre principalmente devido às crises provocadas por conflitos ou desequilíbrios pontuais que podem fazer a empresa transitar de um estágio para outro de forma abrupta, revolucionária e rápida.

Nesse intrincado tecido social[9] que abrange a família e a empresa, com muita frequência, o pensar, o sentir e o

---
[9] Considera-se sistema social qualquer grupo de pessoas que compartilham histórias, intenções ou conhecimento das ações uns dos outros, ou pessoas que tentam chegar juntas a algum lugar. Isso vale, é claro, para família, empresa ou qualquer outro grupo de dois ou mais colegas.

querer requeridos pelas questões de negócios são afetados e, até mesmo, confrontados por percepções, necessidades e comportamentos de integrantes da família direta ou indiretamente envolvidos no negócio.

Sem dúvida, existe um grande potencial de conflito nos sistemas empresarial e familiar e entre estes, tendo-se em vista que funcionam com valores e dinâmicas distintos, além de serem orientados para objetivos em geral antagônicos. Não é simples sobrepor relações individuais de natureza emocional com estruturas e regras formais de ordem organizacional[10].

Cada situação de conflito em empresas de família segue um padrão próprio. Desvendar o padrão específico de um sistema requer conhecimento íntimo dos envolvidos e capacidade de prever suas crises. Um conflito em uma família não é algo que simplesmente acontece. De fato, é algo em que os envolvidos sofrem por sustentar, e serve a alguma função no sistema da família. Uma das grandes tarefas na resolução de conflitos em empresas de família é descobrir, em cada caso particular, o que essa função significa e o que ela sustenta.

Em nossa experiência no apoio ao desenvolvimento de famílias proprietárias e suas empresas, deparamos com estes tipos mais frequentes de conflito:

Conflitos Interpessoais

São aqueles em que as percepções, necessidades, emoções e comportamentos de uma determinada pessoa são vivenciados por outra como inaceitáveis, desencadeando reações e atitudes que podem escalar de uma simples polêmica a um processo destrutivo de largo alcance, contrapondo indivíduos e ramos familiares. Esse fenômeno provoca modificações no modo como as pessoas se percebem,

---

[10] Ver Ket de Vries, *A Empresa Familiar no Divã: uma perspectiva psicológica.*

nos sentimentos que nutrem umas pelas outras e no que fazem com palavras e ações umas em relação às outras.

Conflitos de Poder

A disputa entre egos descontrolados provoca confrontos cujo principal alimento é a necessidade de demonstrar quem detém o controle e quem tem o poder de tomar decisões e impor seus pontos de vista na família e na empresa. Também poderíamos considerar no espectro desse tipo de conflito as disputas relacionadas com a transgressão de direitos, ou com ameaças a interesses de indivíduos ou ramos familiares.

Conflitos Geracionais

É o clássico conflito inerente ao processo de convívio transgeracional nos ambientes familiar e empresarial. Nesse tipo de conflito, os gatilhos principais relacionam-se com divergências entre princípios, conceitos e formas, além do confronto entre os impulsos de preservar e inovar. Esse fenômeno tende a se ampliar devido aos progressos científicos que aumentam, cada vez mais, o tempo de vida útil dos indivíduos, fazendo com que as gerações mais seniores ampliem sua permanência no comando, e reduzindo o espaço para as gerações sucessoras expressarem seu pensar, sentir e querer.

Conflitos Culturais

Esse tipo de conflito surge na definição dos valores primordiais, tanto no sistema familiar como no empresarial, e ainda na maneira como esses valores são transmitidos. Todo o sistema familiar e empresarial tende a entrar em colapso quando os valores praticados são contraditórios, ou quando há incoerência entre o discurso e a prática. Muitas vezes esse processo acaba levando a um embate perigoso "entre o bem e o mal", envolvendo parentes, ramos familiares, ou colocando em rota de colisão membros da família e profissionais da empresa.

Existem diferenças sensíveis entre a natureza dos conflitos que ocorrem dentro de grupos formados por pessoas relacionadas ou mutuamente dependentes (grupos internos) e a natureza dos conflitos entre partes separadas. Relações conjugais ou qualquer outro tipo de interdependência (por exemplo, colegas de trabalho muito próximos) acrescentam ingredientes extras que se diferenciam fundamentalmente das situações entre membros de grupos sem interdependência, ou sem relações de longa duração.

Grupos e organizações independentes – ou indivíduos com poucas inter-relações naquele âmbito – tem a opção de resolver os conflitos pelo lado financeiro, ou simplesmente terminar a relação. Porém, nas empresas de família esse tipo de solução não resolve satisfatoriamente o problema, pois as partes precisam continuar trabalhando juntas e, muitas vezes, estão unidas pelo matrimônio ou parentesco de consanguinidade. Mais um aspecto importante é que os membros de uma família proprietária compartilham objetivos de longo prazo que, normalmente, ultrapassam os limites de seus interesses distintos, ou são maiores que suas necessidades materiais em comum.

Podemos dizer, então, que os conflitos em empresas de família nunca são problemas lineares, com relação direta de causa e efeito, e não são rastreáveis apenas por meio do comportamento de uma das partes, não importando quem esteja envolvido (pais e filhos, irmãos, cônjuges, cunhados, profissionais da empresa, profissionais de fora da empresa), ou o que esteja em jogo (herança, liderança, crescimento, poder, papéis).

Os Conflitos nas Fases de Governança Corporativa das Empresas de Família

Analisando as situações de conflito a partir das quatro fases descritas no Capítulo 2 – *empresa familiar, empresa de gestão familiar, empresa com governança familiar* e *família empresária* –, podemos perceber que os ingredientes desencadeadores de conflitos se diferenciam em cada uma delas, conforme o quadro a seguir:

Empresa Familiar	Empresa com Gestão Familiar	Empresa com Governança Familiar	Família Empresária
Imposição de ideias.	Diferenciação de intenções entre indivíduos e ramos familiares.	Acionistas com valores incompatíveis com a identidade da empresa.	Despreparo para lidar com assuntos práticos da família e dos negócios.
Centralização de poder.	Desalinhamento de autoridade.	Choque de gerações.	Disputa pela liderança familiar e dos negócios.
Necessidades e expectativas pessoais incompatíveis ou antagônicas.	Sentimento de alijamento nas decisões e disputa pelo poder.	Desconfiança e falta de integração entre os níveis de governança.	Falta de perspectivas e orientação individual para a vida pessoal e profissional.
Insegurança e instabilidade para assumir riscos.	Ambiguidade e superposição de papéis.	Gaps de conhecimento, habilidades e atitudes para sustentação da Visão de Futuro entre familiares que atuam na empresa.	
Falta de tempo para os assuntos familiares.	Expectativas versus capacidade para desempenho dos papéis.		
	Perda de padrão de vida.		

Mesmo que uma empresa esteja numa etapa mais avançada, um conflito pode surgir com características típicas de uma fase anterior. Nesse caso, podem ocorrer dois movimentos distintos, dependendo do momento e da forma como a situação seja tratada pela governança da família e da empresa:

- O conflito levar a família e a empresa a passarem por um retrocesso.
- A esfera de governança da família e da empresa identificarem prontamente o risco de retrocesso e agirem de forma hábil e objetiva, eliminando o fator que está puxando a organização para trás.

A capacidade de antever áreas de conflito potencial é uma das habilidades mais importantes para uma boa gestão de empresas de família. Essa capacidade permite a identificação de conjunturas críticas que precisam ser tratadas preventivamente para não se tornarem conflitos que poderão transbordar, arrastando a família, a empresa e até *stakeholders* externos para situações danosas.

Os Conflitos da Família e da Empresa numa Visão Sistêmica

Nas famílias proprietárias e suas empresas, as perguntas que mais comumente nos levam a indícios de tensão e conflito são as seguintes:

a) No contexto da família
- Por que o ambiente em casa está tão ruim?
- Por que a família está desunida?
- Por que meus filhos não me entendem, ou não gostam de mim?
- Por que meus familiares não se identificam com a empresa?
- Por que as relações entre os membros da família são sempre conflituosas?

- Por que sempre atraímos pessoas erradas para o âmbito da nossa família?
- Por que meus filhos têm dificuldades financeiras, escolares ou profissionais?
- Por que, apesar de fazerem grande esforço, as coisas não avançam para certos membros da nossa família?
- Por que temos acidentes, doenças e perdas financeiras inexplicáveis?
- Por que os investimentos da família não dão certo?
- Por que meus filhos não sabem o que querem da vida?
- Por que os herdeiros já começaram a lutar pela herança?

b) No contexto da empresa
- Por que temos uma crise de liderança na empresa?
- Por que não atingimos os nossos objetivos e metas?
- Por que a troca de pessoas é tão alta na empresa?
- Por que os sócios estão insatisfeitos com os resultados?
- Por que temos tantos conflitos entre os departamentos, unidades, divisões, diretorias?
- Por que os lucros não crescem ou desapareceram?
- Por que os clientes tradicionais estão indo embora?
- Por que não aparecem clientes novos?
- Por que o pessoal de confiança está desmotivado ou querendo sair da empresa?
- Por que trabalhamos, trabalhamos, trabalhamos e os resultados não aparecem?

- Por que nos sentimos sem direção?
- Por que o ambiente da empresa está tão ruim?
- Por que só atraímos pessoas complicadas para trabalhar conosco?
- Por que os colaboradores estão sempre insatisfeitos?

Esse rol de questões poderia continuar e a partir de determinado ponto não mudaria muito, ou passaria a apresentar variações sobre um mesmo tema. Ou seja, a família e a empresa não vão bem. Se algumas dessas perguntas fizerem parte do universo da sua família e da sua empresa, é possível que haja conflitos latentes ou já explícitos no sistema familiar ou no empresarial.

A Necessidade de uma Visão Sistêmica para o Trato dos Conflitos no Contexto Família-Empresa

O conceito de sistema é um paradigma que já penetrou em várias disciplinas, como biologia, medicina, engenharia de software, administração, ecologia etc. O termo sistema significa combinação, ajuste, ou formação de um conjunto a partir de elementos independentes que têm um objetivo comum a ser atingido. As relações entre os elementos de um sistema se dão por meio de fluxos (de informação, de material, de sangue, de energia etc.). Um sistema comporta todos os seus elementos mais a dinâmica entre eles.

Ter visão sistêmica significa buscar conhecer as características dos elementos que compõem um sistema e suas inter-relações. Essa visão nos permite identificar as ligações de fatos e características particulares dos elementos que compõem o sistema como um todo.

A integração dos elementos componentes do sistema é chamada de equilíbrio dinâmico entre as partes, e determina que as transformações ocorridas em uma das partes influenciará todas as demais na direção do objetivo. O desequilíbrio, por sua vez, desencadeará transformações desviantes em outras partes do organismo total, ou seja, do sistema maior. Em termos gerais, os sistemas podem ser vistos de duas maneiras:

a) pela análise lógica, em que se estuda cada parte separadamente a fim de recompô-los posteriormente; e

b) pela visão sistêmica, holística ou integrada, que exige um pensar mais intuitivo e ampliado, criando condições para entender o funcionamento do sistema inteiro – um fenômeno único, vivo e irredutível às suas partes.

Essa segunda abordagem será aprofundada para entendermos melhor os fenômenos que ocorrem nas famílias e suas empresas, como sistemas complexos que são. O sistema família-empresa contém boa parte destes elementos:

- avós maternos e paternos;
- pai;
- mãe;
- filho primogênito;
- segundo filho;
- terceiro filho e filhos seguintes;
- agregados (noras, genros, adotados etc.);
- a empresa;
- clientes;
- o mercado;
- sócios;
- funcionários (novos e antigos);
- presidente da empresa;

- fundador da empresa;
- diretores ou funcionários-chave;
- familiares que trabalham na empresa;
- familiares que não trabalham na empresa;
- familiares dos sócios;
- divisões ou unidades da empresa;
- comunidade do local em que a empresa está localizada;
- produtos-chave da empresa;
- sindicato;
- governos nas esferas municipal, estadual e federal;
- fornecedores;
- investidores;
- funcionários demitidos (excluídos do sistema);
- conselho de família;
- conselho de sócios;
- conselho de administração;
- diretoria da empresa;
- concorrentes;
- credores.

Só a simples leitura dessa lista já nos dá a ideia da complexidade do sistema maior que envolve a família e a empresa. A pergunta é: como lidar com todas as dinâmicas que surgem na relação ou ausência de relação entre esses elementos? Como lidar com os conflitos naturais entre esses elementos?

Algumas respostas a essas perguntas vêm de experiências e pesquisas recentes com terapias familiares e terapias organizacionais[11]. Elas mostram que, para podermos agir nas dimensões dos conflitos na família e na empresa é necessária uma visão sistêmica sobre os fenômenos humanos envolvidos, usando metodologias que contemplem não apenas o estudo racional.

As primeiras respostas convincentes a dar conta de tal complexidade foram trazidas pelas descobertas de um teólogo alemão que também é pedagogo, filósofo, psicanalista e terapeuta: Bert Hellinger. Após muitos anos de estudos, pesquisas e prática terapêutica, ele desenvolveu um método para tornar as dinâmicas ocultas de um sistema familiar visíveis a quem as tem e às pessoas diretamente envolvidas. Hellinger chamou o seu método de terapia sistêmica familiar ou constelação familiar. Nessa abordagem, os emaranhamentos e os conflitos se tornam visíveis e, portanto, podem ficar conscientes para os agentes, levando-os a perceber a situação e a buscar as soluções que o sistema está pedindo.

Segundo Bert Hellinger, somos ligados à nossa família como partes de um sistema maior, assim como os órgãos do nosso corpo têm ligações entre si. Quando proporcionamos reconhecimento e respeito a cada parte desse organismo, experimentamos o amor que fundamenta o sistema familiar.

Com essas condições favoráveis, nossa força se desenvolve plenamente. Jakob Robert Schneider, um dos mais experientes seguidores de Hellinger[12], afirma que, nos grupos a que pertencemos, estamos ligados à alma do grupo de uma forma que ultrapassa a transmissão consciente de informa-

---

[11] A expressão *terapia organizacional* aqui representa o trabalho de consultoria familiar e organizacional realizado especificamente para empresas de família, pois é sabido que, ao provocar mudanças na família surgem reflexos na empresa e vice-versa.

[12] Schneider cultiva com Bert Hellinger uma amizade de décadas. Dentre todos os terapeutas ligados à terapia sistêmica familiar, é aquele que por mais tempo pratica regularmente as descobertas de Hellinger no campo da família e das organizações.

ções, a comunicação, o comportamento e os sentimentos individuais. Nessa alma, participamos de algo que dá individualidade a cada grupo particular, a cada família, a cada empresa, a cada círculo de amigos.

As Leis Sistêmicas

Bert Hellinger destacou três leis ou princípios sistêmicos que estão sempre presentes nos sistemas ou subsistemas sociais e, se afrontados, causam desequilíbrios no sistema maior. Essas leis, em resumo, são as seguintes:

- Lei do pertencimento – todos têm o direito de pertencer a um sistema.
- Lei da ordem – todos têm o direito de ocupar um lugar no sistema.
- Lei do equilíbrio entre o dar e o receber.

A direção, a forma e o contexto nos quais tais dinâmicas atuam sempre apontam para a restauração do equilíbrio sistêmico. Essa é a maneira que o sistema tem para buscar a sua sobrevivência e o seu desenvolvimento. Ocorre que essas dinâmicas entre pessoas e entre grupos não são balizadas pela razão, mas sim pelo conteúdo emocional ou espiritual. Hellinger observa também que próprio sistema tem uma noção histórica da sua existência, o que faz com que desequilíbrios ocorridos no passado atuem no presente. Outra descoberta interessante é que o sistema age de maneira irracional para um observador que o veja apenas na perspectiva racional ou materialista.

É claro que esse é um fenômeno típico das empresas de caráter familiar. Essas dinâmicas, que primariamente se manifestam no núcleo familiar, se transmitem para o sistema da empresa.

A nossa experiência mostra que, por meio do reconhecimento e do respeito a essas leis sistêmicas, bloqueios são desfeitos, novas decisões e impulsos adequados são tomados pelos indivíduos e o amor bloqueado pode fluir outra vez, proporcionando força para o corpo e a alma da família e da empresa, produzindo efeitos por muito tempo.

Sugiro ao leitor que agora releia as perguntas "a" (no contexto da família) e "b" (no contexto dos negócios), do início deste texto, pois agora talvez fique mais fácil compreender o pano de fundo dessas questões, assim como saber por que elas nos dão indícios de que o sistema familiar e empresarial estão desequilibrados. É visível que existe um pedido sistêmico no ar para que algo seja feito, a fim de que a energia positiva volte a fluir e as pessoas possam encontrar poder para exercer seus papéis nos âmbitos da família e da organização, a partir de uma nova consciência.

Referências

Basso, Theda; Pustilnik, Aidda. *Corporificando a Consciência*. Editora Palas Athena e ICDEP.
Capra, Fritjof. *A Teia da Vida*. Ed. Cultrix.
_____. *Pertencendo ao Universo*. Ed. Cultrix.
Carter, Betty; Mcgoldrick, Mônica e colaboradores. *As Mudanças no Ciclo da Vida Familiar – uma estrutura para terapia familiar*. Ed. Artes Médicas.
Fockink, Harry G. *Liderança – O Poder e a Perversão nas Empresas Familiares*. Editora Sulina.
Goswami, Amit: *A Janela Visionária. Cap. 3*. Editora Pensamento, Editora Cultrix.
Grochoviak, Klaus; Castella, Joachim. *Constelações Organizacionais – consultoria organizacional sistêmico-dinâmica*. Editora Cultrix.
Hellinger, Bert e TenHovel, Gabriele. *Constelações Familiares*. Ed. Cultrix.

_____ . *Constelações Familiares*. Editora Cultrix. Artigos na web: http://www.institutohellinger.com.br/artigos

_____ . *Um Lugar para os Excluídos*. Editora Atman, 2006.

_____ . *A Fonte não Precisa Perguntar pelo Caminho*. Editora Atmann, 2007.

Maturana, Humberto; Varela, Francisco. *A Árvore do Conhecimento*. Editora Palas Athena.

_____ . *De Máquinas e Seres Vivos: autopoiese, a organização do vivo*. Editora Artes Médicas.

McTaggart, Lynne. *O Campo – em busca da força secreta do universo*. Editora Rocco, 2008.

Regis, Leda; Chiorlin, Maria Vilma. *Liderança sistêmica – um caminho para a transliderança*. Ed. Helvécia.

Schenider, J.R. *A Prática das Constelações Familiares*. Editora Atman, 2007.

Senge, Peter; Scharmer, C.Otto; Jaworski, Joseph; Flowers, Betty Sue. *Presença – propósito humano e o campo do futuro*. Ed. Cultrix.

Sheldrake, Rupert. *A Presença do Passado*. Editora Cultrix.

_____ . *A Sensação de Estar Sendo Observado*. Editora Cultrix.

_____ . *Os Sete Experimentos que Podem Mudar o Mundo*. Editora Cultrix.

Stam, Jan Jacob. *A Alma do Negócio*. Editora Atman.

Wheatley, Margareth J. *Liderança e a Nova Ciência – descobrindo ordem num mundo caótico*. Editora Cultrix.

Sites recomendados:
http://www.hellinger.com/international/portugues/index.shtm
http://www.hellinger.com.br/

A Dinâmica da Alma Humana nas Situações de Conflito

Conforme vimos no tópico anterior, os conflitos nas empresas de família surgem a partir de distúrbios nos sistemas familiar e organizacional. Não é exagero afirmar que conflitos tem CPF, RG, número de telefone, endereço de e--mail etc., porque ocorrem entre pessoas, ou, em casos amplificados, entre grupos de pessoas que atuam e imprimem dinâmica a esses sistemas. Não é totalmente correto dizer que existe um conflito entre a área A e área B numa empresa, pois, se analisarmos cuidadosa e objetivamente a situação, verificaremos que existem pelo menos duas pessoas cujas divergências e incompatibilidades estão na origem, ou são as propulsoras do problema.

Fritz Glasl, professor austríaco de ciência política, em seu livro *Autoajuda em Conflitos*, ressalta que existem duas atitudes básicas extremas diante de situações de conflito: receio do conflito e vontade de brigar. "Os receosos temem parecer insensíveis, frios e desumanos, impessoais, ou agir de forma agressiva que os levem a repelir, machucar, ou destruir alguém. Por isso, renunciam às formas duras de confrontação, reprimem seus sentimentos e preferem o afastamento. Os agressivos, pelo contrário, têm medo de não estar defendendo suficientemente seus interesses e serem condescendentes. Detestam ser considerados covardes ou inseguros e por isso expõem suas emoções, agem ofensivamente e preferem ser feridos a abandonar o campo de batalha."

As pessoas que temem conflitos tendem a perceber os menores sinais do oponente e valorizá-los em demasia, perdendo a força para agir. São cuidadosas ao extremo, pois sempre vêem de maneira exagerada as consequências negativas de suas ações. Os agressivos agem de modo totalmente oposto. Não tem consideração alguma, pois ficam totalmente absorvidos por suas ações e, com isso, sua capacidade de percepção dos resultados fica muito limitada. Eles se fecham às percepções para não serem mitigados pelo oponente.

As situações de conflito promovem – ou decorrem de – deformações nas faculdades essenciais da alma humana que são o pensar, o sentir e o querer. Os conflitos provocam um impedimento progressivo na capacidade de percepção dos envolvidos, levando-os a construir imagens divergentes da realidade. No sentir, os oponentes inicialmente vivenciam um aumento da sensibilidade que os torna mais inseguros e desconfiados. No estágio mais agudo do conflito, ocorre uma inversão emocional e a pessoa torna-se dura e insensível em relação ao outro. No querer também ocorre um processo de endurecimento, fazendo com que os agentes do conflito se fixem em algumas poucas metas e sua vontade se reduza a possibilidades limitadas, tornando-se absoluta e radical.

O quadro a seguir busca ilustrar as ideias desenvolvidas nos parágrafos acima:

RECEIO DE CONFLITOS	PSQ	VONTADE DE BRIGAR
Tendência à fuga	PENSAR Impedimento progressivo da capacidade de perceber	Tendência à agressão
Medo das consequências		Medo de ser abrandado
Perda das forças para agir	SENTIR Aumento da sensibilidade no início e endurecimento no final	Ação ofensiva
	QUERER Limitação e radicalismo	

A experiência com famílias proprietárias e empresas de família nos permite identificar algumas características básicas que se relacionam com causas e fatores de alimentação das situações de conflito. Podemos relacionar essas características com quatro dimensões, ou camadas, que envolvem os principais fatores determinantes dos conflitos. São elas: percepções e interpretações; comportamentos; necessidades; emoções.

As duas primeiras camadas correspondem à parte visível do *iceberg*, enquanto emoções e necessidades ficam abaixo da linha d'água, sendo que, na maior parte das vezes, possuem uma dimensão desproporcional ao que é visível.

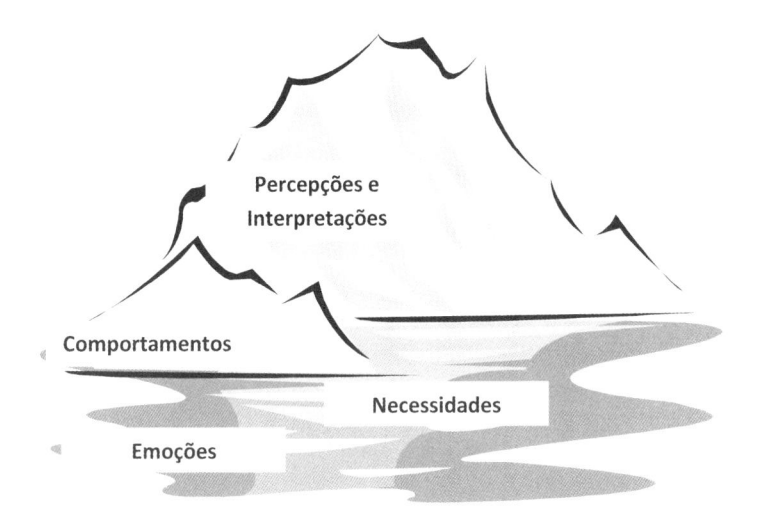

Percepções e Interpretações

Comportamentos

Necessidades

Emoções

Percepções e interpretações compreendem o conjunto de acontecimentos e circunstâncias externas, assim como comportamentos das outras pessoas que compõem o entorno da situação de conflito. Os *comportamentos* correspondem ao que denominamos efeitos visíveis, ou seja, a expressão do que é vivenciado na alma.

Em grande parte, os comportamentos externam as características de personalidade dos indivíduos, no que se refere aos seus temperamentos naturais e suas atitudes anímicas. Pessoas com temperamento colérico e atitude belicosa tem predisposição ao conflito devido à sua agressividade natural, enquanto outras, com temperamento melancólico e atitude de resguardo, tendem a se afastar de conflitos, em função de sua natureza introspectiva (mais informações sobre os temperamentos podem ser obtidas no livro de Rudolf Steiner intitulado *O mistério dos Temperamentos – As bases Anímicas do Comportamento Humano*).

São comportamentos comuns em situações de conflito:

- empenhar-se (em sobrevivência, realização, poder etc.);
- provocar (cutucar; agredir; fazer jogos de poder; tornar-se violento);
- paralisar (não entender; mostrar-se insensível; fingir-se de morto; deixar acontecer);
- fugir (resignar-se; emudecer; engolir).

A camada mais profunda, das *emoções*, contém os sentimentos ou impressões vivenciadas na alma. As emoções transitam entre polaridades (prazer e dor; alegria e tristeza etc.). Nas situações de conflito, as mais comuns podem ser resumidas em:

- satisfação, bem-estar, prazer, descontração;
- autoconfiança, desafio;
- desconfiança, insegurança;
- motivação, tensão;
- vivência da falta, frustração, ameaça;
- impotência, paralisia, medo, raiva.

Rudi Ballreich, psicoterapeuta alemão especialista em gestão de conflitos e mediação, em seus estudos sobre os fundamentos da mediação, identifica que as emoções se traduzem em comportamentos positivos ou negativos, conforme a maneira como são controladas pelo nosso eu. Ele identificou duas formas básicas de interferência do eu nas situações de conflito:

- *Eu-stress,* quando as emoções estão sob o controle do eu e por ele são conduzidas. Nesse caso, surgem os sentimentos de autoconfiança e desafio, resultando em energia e motivação, levando os indivíduos a empenhar-se ativamente por suas necessidades, em busca de realização.

- *Dis-stress*, que é a forma oposta, na qual ocorre a perda de condução pelo eu, gerando sentimentos de paralisia, medo e raiva.

Necessidades

O estudo das necessidades humanas pode ser resumido nas definições estabelecidas por Abraham Maslow e denominadas *hierarquia das necessidades humanas*, mais conhecida como *pirâmide de Maslow*. Rudi Ballreich realizou algumas pequenas modificações nas denominações dos graus de necessidade, sem modificar a essência, conforme vemos a seguir:

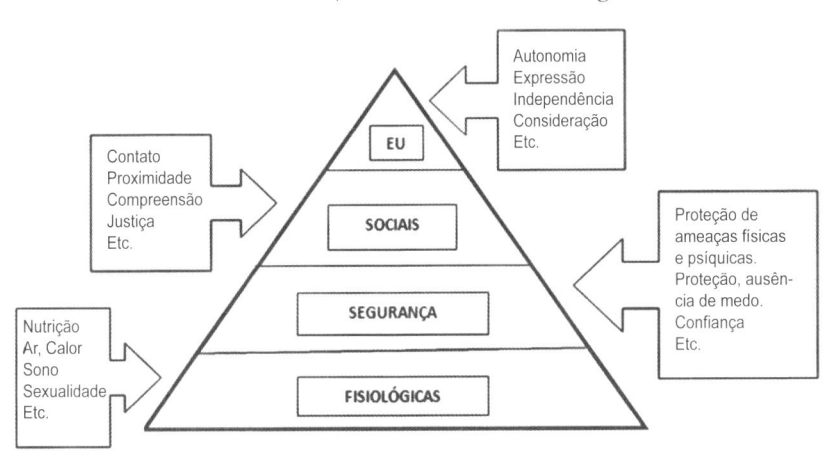

Autonomia
Expressão
Independência
Consideração
Etc.

Contato
Proximidade
Compreensão
Justiça
Etc.

EU
SOCIAIS
SEGURANÇA
FISIOLÓGICAS

Proteção de ameaças físicas e psíquicas.
Proteção, ausência de medo.
Confiança
Etc.

Nutrição
Ar, Calor
Sono
Sexualidade
Etc.

A família, como grupo social primário, tem no seu seio pessoas que carregam na alma o estresse saudável e o estresse que leva aos conflitos. Além desses aspectos, os componentes da família também são agentes e pacientes de relacionamentos íntimos, emocionais, ligados a expectativas e necessidades existenciais mais complexas e profundas, que por sua vez podem ou não estar atendidas.

Na família proprietária, essa complexidade das relações se potencializa, pois além das relações estreitas de um casal, de irmãos, de primos etc., ainda temos a relação da família com a empresa e todos os seus fenômenos. Em relação à empresa, os membros de uma família proprietária exercem seus relacionamentos em três níveis diferentes, ou com três papéis diferentes:

a) No nível da família propriamente dito, isto é, no dia a dia, quando pai, mãe, filhos, genros ou noras, convivem no mesmo ambiente (a casa da família ou as casas próximas em que a família more, mais almoços familiares de fim de semana, viagens conjuntas, clube, sítio, encontros sociais etc.).
b) No nível da empresa, quando os familiares atuam no mesmo ambiente ou em ambientes diferentes, mas ligados ao dia a dia do negócio com ou sem relação de subordinação.
c) Como acionistas ou como herdeiros, isto é, nas oportunidades em que familiares que atuam na empresa se encontram com os que não atuam para abordar temas ligados à gestão da empresa, à distribuição de lucros, remuneração e outras questões atinentes aos familiares com interesses materiais no negócio.

A dificuldade por trás desses níveis é que uma mesma pessoa pode atuar simultaneamente nesses três papéis por rotina. As dinâmicas individuais referentes a cada um desses três níveis nos dão um vislumbre do imenso potencial de conflitos decorrentes dos relacionamentos intra e inter familiares, em que naturalmente vicejam, como vimos, necessidades não atendidas e outros interesses em jogo. Ainda que a situação pareça complicada, alguns conceitos e técnicas básicas e bem práticas podem contribuir para melhorar a atuação em ambientes conflituosos com tal pano de fundo.

Eles contemplam ângulos por vezes surpreendentes da comunicação interpessoal. Vejamos essas técnicas e conceitos em tópicos:

A figura a seguir possibilita uma compreensão ampla e integrada da dinâmica nas situações de conflito por meio das quatro dimensões acima descritas.

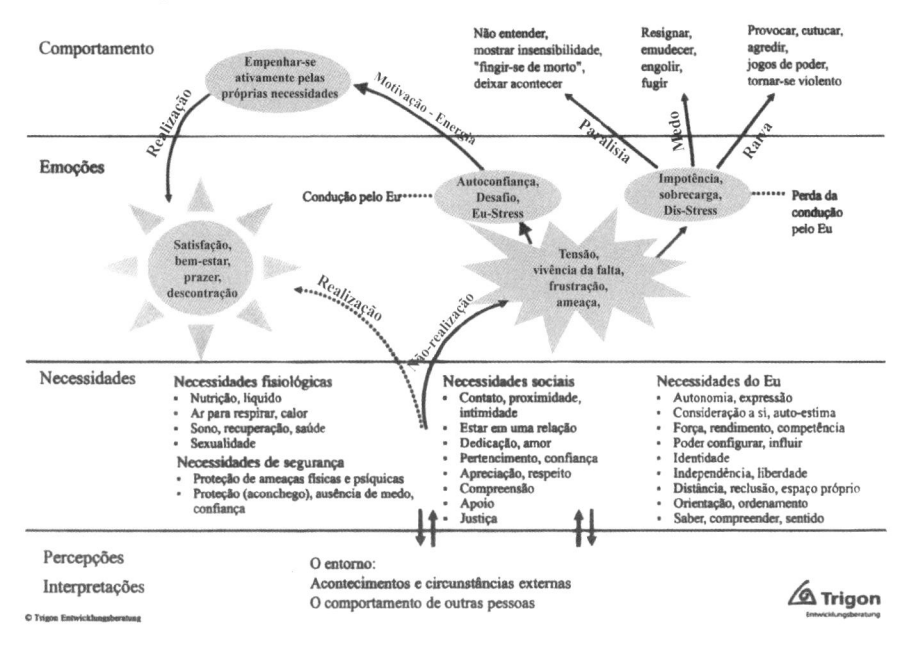

Comportamento				
	Empenhar-se ativamente pelas próprias necessidades	Não entender, mostrar insensibilidade, "fingir-se de morto", deixar acontecer	Resignar, emudecer, engolir, fugir	Provocar, cutucar, agredir, jogos de poder, tornar-se violento

Eixos: Realização — Motivação - Energia — Paralisia — Medo — Raiva

Emoções				
	Condução pelo Eu	Autoconfiança, Desafio, Eu-Stress	Impotência, sobrecarga, Dis-Stress	Perda da condução pelo Eu
Satisfação, bem-estar, prazer, descontração	Realização	Não-realização	Tensão, vivência da falta, frustração, ameaça		

Necessidades			
	Necessidades fisiológicas • Nutrição, líquido • Ar para respirar, calor • Sono, recuperação, saúde • Sexualidade Necessidades de segurança • Proteção de ameaças físicas e psíquicas • Proteção (aconchego), ausência de medo, confiança	Necessidades sociais • Contato, proximidade, intimidade • Estar em uma relação • Dedicação, amor • Pertencimento, confiança • Apreciação, respeito • Compreensão • Apoio • Justiça	Necessidades do Eu • Autonomia, expressão • Consideração a si, auto-estima • Força, rendimento, competência • Poder configurar, influir • Identidade • Independência, liberdade • Distância, reclusão, espaço próprio • Orientação, ordenamento • Saber, compreender, sentido

Percepções / Interpretações

O entorno:
Acontecimentos e circunstâncias externas
O comportamento de outras pessoas

© Trigon Entwicklungsberatung

A Dinâmica de Escalada dos Conflitos

Podemos facilmente distinguir conflitos que impulsionam um sistema social positivamente na direção de seus objetivos daqueles que empurram o sistema para baixo. Até determinado estágio, o conflito possibilita resultados positivos em termos de ganhos comuns, e é até necessário para o surgimento de algo novo, principalmente em sistemas familiares e empresariais com elevado grau de estagnação e inércia. Friedrich Glasl, consultor austríaco que pesquisa conflitos, denomina esse estágio como *temos um conflito*.

No entanto, a partir de determinado grau de escalada, a resultante do conflito será sempre negativa para pelo menos uma das partes, drenando a energia criativa do sistema e conduzindo, no limite, a perdas irreparáveis para todos os envolvidos. Esta etapa é denominada por Glasl como *o conflito nos tem*.

Conflitos, estresse e comportamentos inadequados são subprodutos de processos de mudança. Os conflitos emergem nas empresas de família, principalmente, nas tentativas de mudança em seu processo natural de evolução e desenvolvimento. Embora as mudanças possam desencadear conflitos em qualquer tipo de ambiente organizacional, esse tipo de situação é mais encontradiço em empresas de família, de uma forma geral, pelas seguintes razões principais:

- Empresa e vida pessoal se superpõem.

- Os fundadores desejam manter o controle e a liderança da empresa, muitas vezes desconsiderando a competência dos demais.

- Os papéis, assim como direitos e deveres, estão difusos por causa da relação familiar.

- A organização familiar tem um ambiente de gestão menos participativo.

- Os profissionais da empresa não se sentem em igualdade de oportunidades com os membros da família.

- Há mecanismos inadequados ou lideranças despreparadas para gerenciar mudanças.

O Ciclo de Vida e Escalada dos Conflitos

Uma situação de conflito pode variar tanto no grau de intensidade quanto nos fatores extrínsecos e intrínsecos do ambiente e dos indivíduos e grupos envolvidos. Um conflito pode evoluir rapidamente de uma simples divergência de pontos de vista para uma briga violenta, em que já não se tem mais consciência das razões do enfrentamento. Em *Autoajuda em Conflitos*, Fritz Glasl fala sobre o fenômeno do autocontágio crescente do conflito, que ocorre conforme ilustrado a seguir:

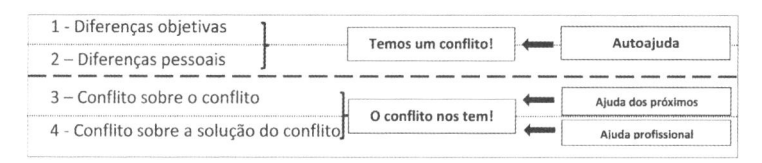

1 - Diferenças objetivas	Temos um conflito!	←	Autoajuda
2 – Diferenças pessoais			
3 – Conflito sobre o conflito	O conflito nos tem!	←	Ajuda dos próximos
4 - Conflito sobre a solução do conflito			Ajuda profissional

Nos dois primeiros movimentos (diferenças objetivas e diferenças pessoais), quando ainda estamos no estágio de *temos um conflito,* nosso pensar, sentir e querer ainda estão sob o controle de nossa consciência, ou do nosso eu, conforme Rudi Ballreich mencionou. Em vista disso, os próprios envolvidos ainda têm como resolver as divergências, por meio de uma solução do tipo *ganha-ganha*, resultante de um processo de diálogo que Fritz Glasl chama de autoajuda.

Quando ultrapassamos esse limite, entramos no estágio de *o conflito nos tem,* e entramos numa espiral negativa, em que passamos a atuar sob a ação de uma espécie de controle oculto e estranho. Nossa percepção da realidade fica bastante distorcida e somos perseguidos por pensamentos e imaginações que não conseguimos afastar. Surgem sentimentos que podem nos levar à obsessão, nosso querer se estreita e passamos a nos comportar de forma simplória e inflexível. Esse fenômeno possui características cíclicas, fazendo com que nossas dificuldades no pensar, sentir e querer promovam um processo de poluição mútua, que Glasl denomina *autocontágio*.

A resolução de conflitos nos estágios mais avançados requer a ajuda de pessoas próximas – nas quais as partes depositem confiança – e sejam imparciais e hábeis para ajudar na busca de uma solução. A essa altura, é mais comum que já existam danos para pelo menos uma das partes. Nos momentos mais agudos, será necessária a intervenção de profissionais com boa experiência em processos de mediação e arbitragem. Certamente, a solução final terá conotação de *perde-perde*, em que todas as partes envolvidas amargarão perdas significativas.

Ainda segundo Glasl, essa escalada ao avesso pode avançar por nove patamares e atingir camadas cada vez mais profundas e inconscientes nas pessoas e nos grupos, até que esses percam totalmente o controle de si mesmos. Quanto mais profundo for um degrau, mais intensa e violenta será a disputa. A força centrífuga dos mecanismos conflituosos atrairá os envolvidos gradativamente para o fundo, se eles não despertarem para resistir a essa dinâmica.

A seguir, apresentamos uma versão condensada da *visão geral dos nove degraus de escalação*, desenvolvida por Fritz Glasl.

As Dimensões de Escalação do Conflito

Ganha					Perde			
1. Endurecimento	2. Polêmica	3. Ações ao invés de palavras	4. Imagens Cristalizadas	5. Perder a cara	6. Estratégia de Ameaças	7. Ataques destrutivos limitados	8. Destruição	9. Juntos para o abismo
• Tensão • Diálogos • Pontos de vista antagônicos	• Polarização no pensar, sentir, querer • Branco/preto • Fingir argumentação racional • Ganhar pontos perante outros • Luta pela superioridade • Violência verbal • Cooperação e competição se alternam	• Chega de palavras: vamos agir • Fatos consumados • Pessimismo • Desconfiança • Cristalização de papéis • Fechamento • Sentimentos alheios não são percebidos • Competição maior que cooperação	• Estereótipos • Rumores • Imagens e papéis negativos impostos mutuamente • Profecias autor-realizadoras • Espezinhar o outro de forma escondida	• Ataques pessoais públicos • Denegrir a idoneidade moral dos adversários • "Desmascarar" • Imagem Anjo/Diabo • Sentimentos nojo, exilar, expulsar • Defesa de ideologia, princípios valores	• Espiral de ameaças e contra-ameaças • Imposição de exigências com ameaça de castigos • Provar que temos que poder castigar • Ação sob pressão da situação • Perda da iniciativa	• Tudo se transforma em coisas • Qualidades humanas não são mais válidas • Destruição limitada como "respostas" "adequadas" • Valores invertidos: se meu prejuízo é menor então é "lucro" • "Inimigo do meu inimigo é meu amigo"	• Provocar o desabamento do sistema inimigo • Destruir sistemas e órgãos vitais • Separar os líderes de seus seguidores • Destruição total: físico, anímico, espiritual	• Não há mais retorno • Confrontação totais • Destruição do inimigo mesmo ao preço da autodestruição • Prazer na autodestruição desde que o inimigo seja destruído

Empresa de Família: Crescimento, Desenvolvimento, Perpetuidade

Referências

Ballreich, Rudi. *Fundamentos da Mediação*. Trigon Entwicklungsberatung.
Glasl, Firedrich. *Autoajuda em Conflitos*. Antroposófica.
Harvey, Michael e Evans, Rodney E. *Family Business and Multiple Levels of Conflict*. Family Business Review, 1994.
Kaye, Kenneth. *Penetrating the Cycle of Sustained Conflict*. Family Business Review, 1991.
Kets de, Manfred F. R. *A Empresa Familiar no Divã: uma perspectiva psicológica*. Bookman, 2009.

Ajuda para Resolução de Conflitos

O ambiente social tem sua participação, mas são as percepções, as necessidades, as emoções e os comportamentos humanos os principais fatores a gerar e alimentar os desentendimentos.

Numerosos estudos convergem para a conclusão de que o gerenciamento de conflitos é fundamental para o sucesso e a sobrevivência das empresas de família. A integração de estratégias, atitudes e habilidades em resolução de conflitos possibilita melhores resultados, tanto para a família quanto para a empresa. Na direção oposta, estratégias de competição ou negação geralmente produzem resultados negativos para ambos os sistemas.

Para preservar as relações no âmbito da família, as empresas precisam acomodar questões importantes para seu núcleo familiar e para outros parentes com interesses relacionados de alguma forma aos negócios. Isso é especialmente verdade quando os membros da família têm algum tipo de envolvimento, como proprietários, gestores, colaboradores, ou até mesmo como *stakeholders* não atuantes.

Uma família detentora de negócios pode ter de lidar com questões cruciais como sucessão, precedência, rivalidade, nepotismo, alijamento, tratamento não igualitário.

Algumas pesquisas demonstram que muitas famílias se valem de abordagens e estratégias que meramente amortecem impactos e acomodam interesses. Outro aspecto que se destaca na nossa experiência é que grande parte das famílias e suas empresas são governadas por líderes autocráticos que retêm informações, concentram o poder decisório e gerenciam conflitos por meio da imposição de sua autoridade. Nesse ambiente, a busca por compromisso e colaboração, com diálogo e mediação, acaba sendo um caminho pouco utilizado, embora seja comprovadamente o mais eficaz. A autoridade do dono, quando utilizada de forma inadequada, produz resultados ruins e favorece a cristalização de relações negativas.

Podemos afirmar que uma família proprietária, para ser bem-sucedida, tanto no âmbito familiar como no empresarial, precisa desenvolver habilidades e atitudes de gerenciamento proativo de conflitos, de forma a não só preservar relações familiares e alinhar interesses divergentes, mas, principalmente, encontrar as respostas positivas para as necessidades do negócio e da família que se manifestam em situações de conflito.

A Ajuda Conforme o Grau de Escalada dos Conflitos

Pessoas hábeis em lidar com conflitos podem dar uma grande contribuição para o desenvolvimento de uma cultura positiva na família e na empresa. Essas pessoas tanto podem ser de dentro da família e da empresa, quanto profissionais externos.

Já aprendemos que a solução de conflitos vinda dos próprios envolvidos só é viável quando a situação ainda se encontra abaixo do quarto degrau de escalada. Contudo, já entre o segundo degrau e o quarto, dependendo das características dos envolvidos, é provável que seja necessária a ajuda de alguém das proximidades, ou de algum tipo de moderação profissional, com alguém em quem as partes confiem, que seja neutro e tenha habilidade para moderar um processo de diálogo e entendimento.

Entre o terceiro e o quinto estágios verifica-se a necessidade do apoio de um consultor ou um profissional externo com habilidades de facilitação, tendo em vista que o conflito já chegou a um patamar *ganha-perde* que exige boa preparação, além de uma total isenção, por parte de quem se propõe a ajudar.

A partir do sexto degrau será necessária a intervenção de um mediador. E os últimos três estágios exigem a atuação de profissionais com larga experiência em processos de arbitragem e até mesmo a intervenção de autoridades judiciais e policiais.

O quadro a seguir ilustra as observações acima:

Os Nove Degraus de Escalada e as Diferentes Formas de Ajuda

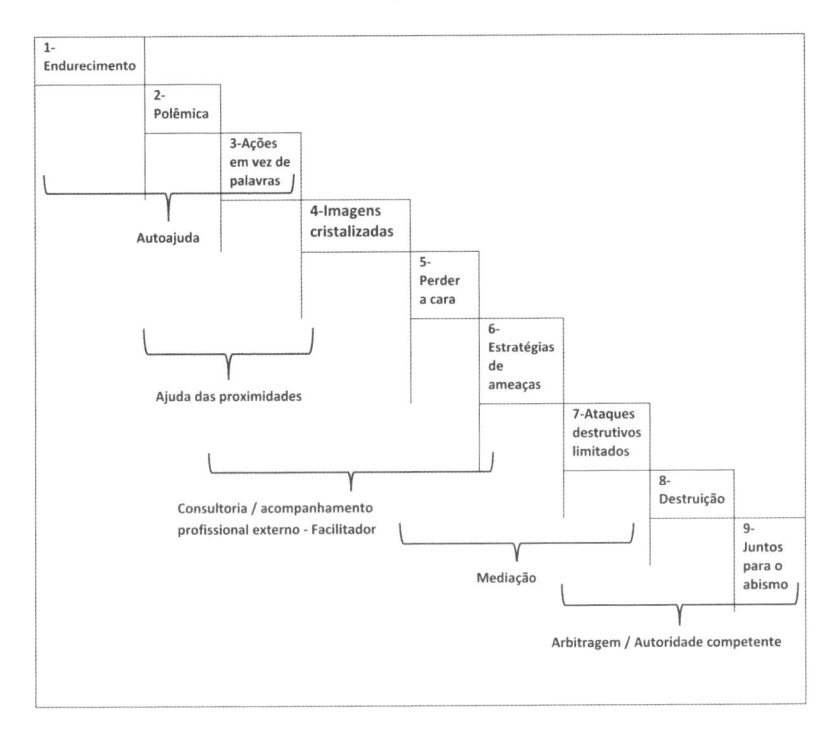

```
1- Endurecimento
    2- Polêmica
        3-Ações em vez de palavras
    ────┬────
    Autoajuda
            4-Imagens cristalizadas
                5- Perder a cara
                    6- Estratégias de ameaças
        ────┬────
        Ajuda das proximidades
                        7-Ataques destrutivos limitados
                            8- Destruição
            ──────┬──────
            Consultoria / acompanhamento
            profissional externo - Facilitador
                                9- Juntos para o abismo
                    ──────┬──────
                    Mediação
                            ──────┬──────
                            Arbitragem / Autoridade competente
```

Ajuda da Mediação

A mediação tem sido amplamente utilizada como alternativa para litígios na resolução de conflitos em famílias proprietárias e empresas de família. Caracteriza-se por um caminho em que o mediador – um terceiro elemento, imparcial – auxilia as partes litigantes no processo de negociação. Existem muitas maneiras de resolver disputas, porém a mediação é vista cada vez mais como a abordagem que melhor se ajusta para resolução ou atenuação de conflitos interpessoais em empresas de família.

As famílias proprietárias reconhecem que a mediação funciona porque é menos destrutiva para a empresa, contribui para manter a família unida e geralmente fortalece os negócios. Os litígios tendem a colocar os membros da família uns contra os outros e causam danos severos aos negócios. O processo de mediação é caracterizado por quatro princípios básicos:

1. O mediador assume um papel central na disputa dentro da família, mas precisa se manter neutro em relação às questões em litígio.
2. O processo é completamente voluntário. A qualquer momento as partes podem optar pela abstenção e os participantes devem evidenciar sempre sua vontade de negociar e o desejo de resolver a disputa de forma justa. Essas atitudes se traduzem em compromissos e concessões que as partes devem sustentar de fato, no caso de as ações acordadas serem levadas adiante.
3. É garantida a confidencialidade quanto às informações íntimas dos participantes, confiadas ao mediador com o intuito de ajudá-lo a compreender as motivações dos membros da família. O mediador tem de explicitar que qualquer informação confidencial será mantida em sigilo e somente poderá ser divulgada com o expresso consentimento da parte que lhe deu a informação.
4. Não há procedimentos que sejam seguidos incondicionalmente. O mediador deve ter elevada capacidade para adaptar métodos de trabalho conforme requerido pela situação. Deve promover ajustes à medida que a evolução do processo permita ou solicite, de maneira a adaptar o caminho às necessidades e características de personalidade dos membros da família, à natureza do conflito e ao degrau de escalada.

Adicionalmente, a mediação é caracterizada pela orientação para o presente e para o futuro. Embora os conflitos em empresas de família tenham raízes psicológicas profundas e emaranhadas com o negócio, o objetivo da mediação não é oferecer terapia, mas possibilitar aos participantes lidar com suas dificuldades. Focando no presente e no futuro, as partes ficam menos propensas a mergulhos destrutivos.

O mediador funciona primordialmente como um facilitador e um catalizador. Ele oferece um meio estruturado de comunicação e diálogo, e atua como um canal de informação, assegurando que todos os interesses sejam manifestados e integrados nas negociações, numa sequência apropriada.

O mediador também promove choques de realidade. Se, como muito frequentemente acontece, as agendas e as posições de negociação dos membros da família, diretores, ou gestores forem irrealistas, o mediador deve ajudá-los a se conscientizar de que suas expectativas não são sensatas. Quanto mais cada parte entender o dilema da outra e as limitações da situação, maior a possibilidade de se chegar a um acordo, e o mediador é quem deve tornar esses pontos conhecidos.

Idealmente, a mediação deve ser aplicada assim que surjam as disputas familiares com reflexos negativos no negócio. Se o processo de negociação for iniciado antes de o conflito escalar ao sexto degrau, chegar a uma resolução equitativa é uma possibilidade bastante palpável.

A experiência mostra, entretanto, que nas empresas de família a mediação é o último recurso utilizado antes de as partes mergulharem no caríssimo abismo de um litígio prolongado. Essa postura, infelizmente, pode despedaçar um império por força da intensificação das disputas e da polarização entre os integrantes da família.

A iniciativa de mediação pode e deve ser tomada por qualquer pessoa envolvida direta ou indiretamente no conflito. Raramente tal atitude vem dos envolvidos na disputa, tendo em vista que, quando a crise já se aprofundou, as partes percebem que haverá, inevitavelmente, algum nível de perda e as antipatias e imagens cristalizadas dinamizam o conflito, ao invés de esfriá-lo.

Por isso, especialmente nas empresas de família, é fundamental que a estrutura de governança corporativa esteja aparelhada para identificar e tratar tais disputas. A existência de um conselho composto por membros da família e profissionais independentes permite uma leitura rápida e independente das situações de conflito, assim como a indicação da melhor forma de tratá-las. Profissionais independentes, sejam membros de conselhos ou de comitês, podem atuar como detectores, orientadores e, até, mediadores.

Ajuda por Meio da Arbitragem

Arbitragem, de uma forma geral, é um processo no qual o conflito é resolvido pela ação de uma terceira parte que, no limite, ouve todos os lados envolvidos na disputa e tem o papel de proferir uma resolução que estabelece o desenlace.

Empresas de família que estejam em processo de transição, ou no limiar de grandes mudanças, tais como mudança da gestão familiar para uma gestão profissional, ou de capital fechado para capital aberto, requerem o apoio de profissionais externos que atuam nas instâncias de governança corporativa (conselhos, comitês e diretoria), desempenhando papéis críticos com a finalidade de ajudar a família e a empresa a fazerem uma passagem mais segura e a menos turbulenta possível por esses limiares.

Uma das funções mais importantes desses profissionais é a arbitragem de conflitos, que são frequentes nesses períodos e surgem não só entre membros da família, mas também entre investidores ou parceiros estratégicos.

Normalmente, é temerário o envolvimento de membros da família, ou de diretores *da casa* na tentativa de resolução de tais disputas. Um profissional externo, assim como um comitê composto por profissionais independentes, pode ser útil como recurso de primeira instância, com a finalidade de proporcionar um fórum de discussão que abra espaço para a negociação e o entendimento, prevenindo ou minimizando o potencial de perdas.

É comum uma empresa de família, já na terceira geração de proprietários e com vários ramos familiares representados na gestão, experimentar um período de dificuldades financeiras, gerando desavenças, discussões precipitadas e dedos apontados entre proprietários e gestores. Conselheiros ou profissionais independentes, nesse caso, chamam a atenção para a necessidade crítica de ação de governança corporativa e conseguem acalmar os gladiadores, fazendo com que o foco e a energia se voltem para a gestão. No entanto, a iniciativa de arbitragem deve ser tomada pelos proprietários. São eles que colocam o conflito na agenda da reunião do conselho, atendendo às recomendações dos conselheiros profissionais.

Se isso não for feito, o conselho ou comitê de arbitragem tornam-se impotentes. Há, entretanto, casos de bom termo em que conselheiros ou profissionais externos de confiança tomaram a iniciativa de arbitragem.

Um bom árbitro é uma pessoa independente, íntegra, imparcial, sábia e experiente, que tem a confiança de todos os envolvidos e, em boa parte das situações, torna-se um conselheiro pessoal para os proprietários e executivos, além de amigo e confidente.

Referências

Ballreich, Rudi. *Fundamentos da Mediação*. Trigon Entwicklungsberatung.
Glasl, Firedrich. *Autoajuda em Conflitos*. Editora Antroposófica.
Prince, Russ Alan. *Familiy Business Mediation: A Conflict Resolution Model*. Family Business Review.
Sorenson, Ritch L. *Conflict Management Strategies Used in Successful Business*. Family Business Review.
Whisler, Thomas L. *The Role of the Boardin the Threshold Firm*. Family Business Review.

Capítulo 6
Indicações para um Processo de Desenvolvimento Familiar e Organizacional Planejado

*"Tudo pode ser mudado,
mas nada será mudado até que se comece"*
T. S. Eliot

"Mudanças: planejar ou correr atrás ?"
Daniel Burkhard

Este capítulo tem por finalidade oferecer ao leitor um referencial conceitual prático que temos utilizado com sucesso na busca de um modelo de governança corporativa que tenha a "cara" da família e da empresa.

O Processo de Mudança nas Empresas Familiares: Planejar ou Correr Atrás?

A convergência só se instaura quando é estabelecida de forma planejada, considerando e honrando o passado, assim como as perspectivas de futuro. Isto pressupõe mudança consciente e contínua que coloque as pessoas no mesmo barco – com porto de destino claro.

A Necessidade de Apoio Externo

Esse processo idealmente deveria contar com o apoio de um agente externo que pode ser de um consultor ou de um mediador ou de um facilitador especializado que de fato saiba trabalhar com o grupo familiar e não apenas para o grupo. Sua principal tarefa como veremos à frente é zelar pelo equilíbrio entre os aspectos qualitativos e quantitativos que envolvem este processo de mudança planejado.

A estratégia, a velocidade e os resultados esperados são estabelecidos em conjunto com o grupo, observando o estágio de vida das pessoas e o estágio de desenvolvimento da empresa da família, assim como os critérios e a expressão da vontade de seus acionistas principais.

Esse processo de mudança, depois de desencadeado, tem como consequência o seguinte fenômeno: "quando se mexe na família dói na empresa e quando se mexe na empresa dói na família". Por isso todo cuidado é pouco. Contratar consultores, advogados e outros profissionais externos à família e colocar em suas mãos questões tão sutis e delicadas é muita responsabilidade, pois cada família e cada empresa familiar tem que buscar um modelo de governança corporativa que tenha o seu DNA.

Muitas iniciativas de mudança se frustram até que ocorra o aprendizado de que a mudança se dá primeiro no plano cultural, para depois alcançar dimensão operacional. Na intenção de acelerar o processo, muitas famílias acabam tomando o atalho do autoritarismo – a mudança por decreto – e do tecnicismo jurídico. Muitas abordagens tradicionais pecam por minimizarem a importância da dimensão cultural e emocional dos envolvidos.

Se a busca é por um novo patamar de desenvolvimento, que se coloque toda a família e a empresa em um novo referencial de resultados qualitativos e quantitativos consistentes e duradouros.

A maior parte dos programas tradicionais de intervenção para tratamento das questões que surgem no âmbito da empresa familiar ou para criação de modelos de governança corporativa não observa as dimensões sutis envolvidas nesse processo, citadas ao longo deste livro.

Os fatores externos são relevantes e devem estar, na medida do possível, mapeados e contemplados nas abordagens da mudança que se pretende. No entanto, com frequência, são utilizados como cortina de fumaça para justificar atitudes ou decisões voltadas que, frequentemente, desaguam na busca de soluções prontas ou no desvio por atalhos milagrosos.

Para o sucesso dessa iniciativa é essencial o compromisso das lideranças da família com os objetivos da mudança e o seu real envolvimento durante todas as fases desse processo. Sem isso as iniciativas não integram todas as dimensões da família e da empresa. Simplesmente contratar um advogado conhecido da família para esboçar um acordo societário não resolve. A contribuição dos advogados é extremamente necessária, mas em etapa posterior a um trabalho de entendimento profundo sobre aspirações familiares.

Trabalhar as dimensões mais sutis que envolvem a família e a empresa familiar necessita mais do que um conjunto de atividades lógicas organizadas em programas. É preciso uma abordagem de um "processo de desenvolvimento", além de um programa ou um projeto.

Um processo, por princípio, tem início, mas não tem fim. Os resultados são alcançados gradualmente e se consolidam a médio e longo prazo. O que determina a velocidade não é o tempo cronológico, mas sim o ritmo de desenvolvimento individual e coletivo no âmbito atingido: família, empresa ou ambos.

A consultoria de processos também trabalha com projetos e planos de ação, porém o desafio do facilitador é desencadear e apoiar caminhos autossustentáveis de desenvolvimento. A ênfase está no aprendizado e no desenvolvimento de uma nova cultura familiar e de novas posturas e atitudes a partir de situações concretas e da abordagem andragógica[13] que preconiza o "aprender fazendo". A realidade é abordada a partir de ações balizadas por princípios que respeitem os valores individuais e coletivos da família, a sua identidade. Com o aprendizado proporcionado pelo envolvimento significativo no processo, o indivíduo adulto e sadio é capaz de descobrir, individualmente e em grupo, os novos conceitos de que necessita e, a partir deles, desenvolver as competências necessárias para aplicá-los no âmbito pessoal, familiar e profissional. Uma vez conscientes desse ciclo de aprendizagem, os indivíduos tornam-se proprietários do processo e habilitam-se para sustentá-lo daí por diante sem, o apoio de especialistas externos.

O Pensar, Sentir e Querer, a Visão, Missão, Valores e as Dimensões da Empresa Familiar

O processo de mudança, visando instaurar um modelo de governança corporativa adequada ao estágio de desenvolvimento da empresa familiar tem de necessariamente passar pelas dimensões vistas no capitulo dois deste livro, isto é: identidade, empresa, mercado e patrimônio que devem ser abordadas, de forma integrada, em um processo de desenvolvimento familiar e organizacional planejado, como preconizamos.

De forma consciente, todas essas dimensões precisam ser trabalhadas. Quando falamos de visão, estamos nos referindo à qualidade do pensar da família. Os valores se manifestam na esfera do sentir da família e a missão da família nasce de seu querer.

---

[13] Andragógica literalmente significa educação de adultos (característica de programas de mudança) e se contrapõe à pedagogia que literalmente significa educação de crianças.

Num processo de mudança planejado, as qualidades do pensar, sentir e querer da família, são idealmente trabalhadas com o fundador e sua esposa, caso a empresa esteja ainda num estágio pioneiro, ou com as pessoas da família envolvidas na gestão da empresa, caso a gestão dos negócios já esteja no estágio da empresa familiar, de empresa com governança familiar, família empresária ou uma empresa de sócios. Isso deve ser feito primeiramente em conversas pessoais do facilitador/consultor com o fundador e demais membros da família envolvidos ou não na gestão dos negócios.

Nessas conversas, questões-chave ligadas a cada uma dessas qualidades são trabalhadas, primeiro com o fundador, com o grupo familiar envolvido na gestão dos negócios ou até com um grupo de sócios se essa for a situação. Posteriormente num *workshop* ou numa reunião estruturada são respondidas coletivamente as questões-chave, o que justifica a necessidade de um facilitador ou mediador externo hábil em facilitação de grupos.

As questões-chave para cada qualidade espiritual são:

Visão (pensar)
1. Como queremos ser reconhecidos como família empresária e empresa daqui a sete anos?

2. Que qualidades teremos daqui a sete anos que não temos hoje como família e como empresa familiar?

3. Que desafios relacionados a crises familiares atuais já teremos resolvido?

4. Com que idade estarão as pessoas-chave da família envolvidas no negócio?

5. Queremos ter sucessores internos da família ou externos?

6. O que isso significa para nós?

Valores (sentir)

1. O que nos preocupa hoje?
2. Quais são os valores morais do fundador e sua esposa?
3. De que eles ou nós "não abrimos mão" para conduzir as questões no âmbito da família e dos negócios?
4. Em que acreditamos? Da lista abaixo, o que é sagrado para nós?

- Membros da família
- Clientes
- Colaboradores internos
- Fornecedores e parceiros
- Comunidade
- Meio ambiente

Missão (querer)
1. Qual é a nossa vocação como família e como empresa?
2. A nossa família existe para quê?
3. A nossa empresa existe para quê?
4. Como gostaríamos de ser lembrados?
5. O que o "mundo" (clientes, funcionários, membros da família que não atuam na empresa, comunidade, meio ambiente etc.) nos cobra como família e como empresa em termos dos itens abaixo?

- Produtos
- Serviços
- Qualidade e produtividade

- Resultados econômico-financeiros
- Responsabilidade social

A visão (pensar) é a grande referência ou foco para a família primeiramente e depois para a empresa da família. Ela precisa ter brilho intenso, fazer sentido para as pessoas, para atrair todos em sua direção, além de se materializar através de diretrizes e planos de ações concretos que a viabilizem. O risco ao se trabalhar com famílias, em muitos casos, é a visão ficar, apenas, no nível do discurso de suas lideranças.

Os valores (sentir) são o coração do processo de transformação em direção a um modelo de governança desejado e da cura da família nas suas questões mais delicadas.

Uma descoberta muito antiga da psicologia é que o que as pessoas sentem é real para elas. E isso tem de ser reconhecido, acolhido e tratado com respeito, pois a pessoa só muda o seu sentimento se for respeitada e perceber no outro coerência entre o pensar, o sentir e o querer.

Os valores podem ser atropelados por atitudes e posturas contrárias das pessoas que lideram a condução da mudança, o que poderá ser fatal. Ocorrendo essa situação, a consequência mais comum é que sentimentos de desconfiança e insegurança predominem, surgindo comportamentos de autodefesa, boicote velado, sabotagem, ou da oposição agressiva.

A missão (querer) é o grande mobilizador das iniciativas e ações para fazer a visão acontecer, gerando um senso de compromisso em traduzir as intenções na prática.

O modelo a seguir ilustra o que foi mencionado anteriormente.

A DIMENSÃO ESSENCIAL DA TRANSFORMAÇÃO

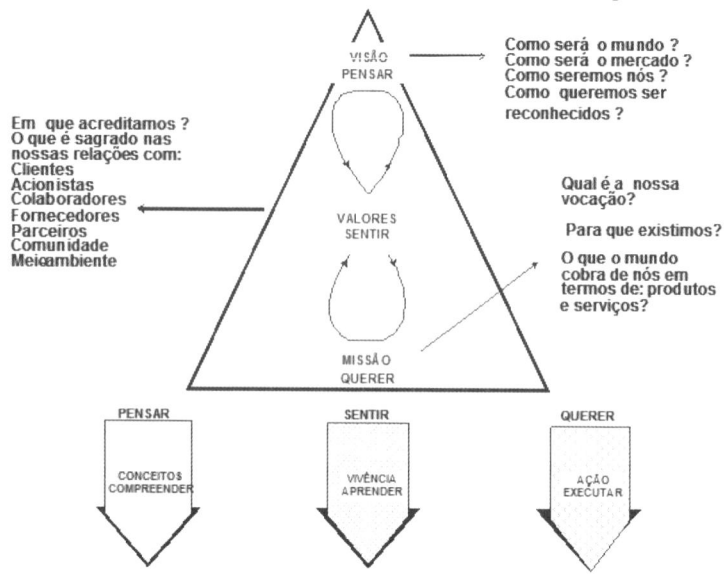

Em que acreditamos?
O que é sagrado nas nossas relações com:
Clientes
Acionistas
Colaboradores
Fornecedores
Parceiros
Comunidade
Meioambiente

VISÃO
PENSAR

VALORES
SENTIR

MISSÃO
QUERER

Como será o mundo?
Como será o mercado?
Como seremos nós?
Como queremos ser reconhecidos?

Qual é a nossa vocação?
Para que existimos?
O que o mundo cobra de nós em termos de: produtos e serviços?

PENSAR → CONCEITOS COMPREENDER

SENTIR → VIVÊNCIA APRENDER

QUERER → AÇÃO EXECUTAR

É fundamental que o consultor possua sensibilidade e competência para fazer com que os envolvidos assumam a propriedade do processo e deem os passos seguintes com liberdade, consciência e comprometimento.

Estratégia de Alinhamento

> *O medo de um futuro que desconhecemos só pode ser superado com imagens de um futuro que queremos*
> Wilhelm Barkhoff.

Para que um processo de mudança com essas características tenha sucesso, é preciso também que as pessoas impactadas sejam envolvidas e alinhadas com os propósitos da mudança desde o seu início.

As definições estabelecidas em grupo, principalmente em relação à visão, valores e missão, de forma genuína e autêntica, têm a magia de conectar as pessoas, no nível existencial com os objetivos e valores mais nobres da família, assim como com a energia, essência, ou espírito que vive naquela família. Mas não adianta estarem todos no mesmo barco, se esse barco não tiver um porto de destino claro e almejado pela tripulação.

Exemplos de Resultados que Podem ser Alcançados num Processo de Desenvolvimento da Família e da Empresa de Família:

Na esfera familiar:
1. Construção de um modelo de governança dos negócios na família que contemple os seguintes aspectos:
   - Visão de futuro da família, da sua missão e dos seus valores.
   - Código de princípios da família no contexto do relacionamento com a gestão dos seus negócios
   - Estruturação do conselho da família.
   - Definição das forças de controle presentes e necessárias.
   - Estratégia de sucessão/transição das pessoas-chave que atuam na gestão dos negócios (membros da família ou não).
   - Discussão e condução das questões/estratégias societárias.
2. Elaboração e revisão de acordos de acionistas, planejamento estratégico dos negócios atuais e futuros na perspectiva da família, no contexto da sustentabilidade e responsabilidade social.

3. Concepção e apoio na implementação do escritório da família – *family office*
4. *Coaching* e *mentoring* para fundadores, herdeiros e gestores.
5. Desenvolvimento de talentos internos da família para atuarem na autossustentação da governança da família.
6. Processo de informação e comunicação entre membros da família, gestores dos negócios e a empresa.
7. Construção de compromissos com a atualização, continuidade e expansão dos negócios.
8. Discussão e orientação na criação de associações/ institutos, OSCIPS ou fundações, quando for o caso.
9. Discussão e indicação de orientação especializada para consultoria/assessoria na gestão do patrimônio da família e definição de estratégias tributárias.

Na esfera da empresa:
1. Criação do conselho de administração e comitês.
2. Definição da identidade e apoio na criação da empresa *holding* com sua missão, visão de futuro e responsabilidades perante os acionistas, mercado, comunidade, funcionários e meio ambiente.
3. Estruturação de unidades de negócios.
4. Planejamento do processo sucessório das lideranças-chave da empresa.
5. Elaboração do processo de planejamento estratégico empresarial.
6. Profissionalização da gestão – que não significa necessariamente a contratação de gestores externos à família.
7. Elaboração das principais políticas institucionais corporativas que garantam a aderência da gestão com as intenções definidas na esfera familiar.

Considerações Finais

A experiência em processos voltados para o desenvolvimento de diversas famílias empresárias e suas respectivas empresas tem nos reforçado a crença que a empresa de família, antes de se constituir num problema insolúvel, como alguns advogam, representa um dos modelos empresariais mais propício a encontrar as formas e soluções econômicas que respondam às questões críticas enfrentadas pelo universo empresarial de uma forma geral nos últimos tempos. Aquelas famílias que conseguirem lidar com suas inevitáveis transições e gerenciar seu processo evolutivo de forma competente, sem perder as características espirituais e emocionais positivas emanadas de uma cultura familiar e empresarial saudável, vão se destacar no cenário empresarial, sobrevivendo com solidez aos trancos e solavancos conjunturais e estruturais característicos que estamos vivendo. Acreditamos que os conceitos e o processo de desenvolvimento familiar e empresarial delineado neste livro têm a qualidade de integrar a família e a empresa, nos elementos que mais caracterizam as suas essências: a família como o grupamento social humano primordial com todas as suas complexas vicissitudes e a empresa como a mais complexa criação social humana voltada para a realização de objetivos econômicos coletivos que repercutem em todo o tecido social. Como vimos ambas, – familia e empresa, – têm introjetadas em sí as forças polares do crescimento e do desenvolvimento que se não forem cuidadas e protegidas sofrerão consequências que impedirão sua transcendência no tempo.

O desafio que está diante das lideranças das empresas de família e das gerações sucessoras, consiste basicamente em preservar os valores essenciais da família e da empresa, respeitando sua história, as suas fases e crises evolutivas, seus conflitos inerentes e, ao mesmo tempo, inovar, criando condições para o equilibrio entre os universos: a identidade da familia, o mercado, a empresa, a riqueza e o legado que deve ser perpetuado em honra de um passado de trabalho bem feito.

Esperamos ter contribuido um pouco para tanto com esse livro.

Os autores.
maio de 2013.

QUALITYMARK EDITORA

Entre em sintonia com o mundo

QUALITYPHONE:
0800-0263311

Ligação gratuita

Qualitymark Editora
Rua Teixeira Júnior, 441 – São Cristóvão
20921-405 – Rio de Janeiro – RJ
Tels.: (21) 3094-8400/3295-9800
Fax: (21) 3295-9824
www.qualitymark.com.br
e-mail: quality@qualitymark.com.br

Dados Técnicos:	
• Formato:	14 x 21 cm
• Mancha:	11 x 18 cm
• Fonte:	Optima
• Corpo:	11
• Entrelinha:	13
• Total de Páginas:	168
• Lançamento:	2013